广东省铁路建设管理标准化系列丛书

铁路建设工程监督检查实务手册

第二分册　路基与轨道工程

广东省交通运输厅　组织编写

人民交通出版社股份有限公司
北京

内 容 提 要

《铁路建设工程监督检查实务手册》共6个分册，包括参建单位责任、路基与轨道工程、桥涵工程、隧道工程、房建工程、铁路四电工程。本书为第二分册，主要介绍路基工程现场安全监督检查、轨道工程现场安全监督检查、路基工程质量监督检查和轨道工程质量监督检查。

本书作为铁路建设工程监督检查实务手册，可供各级铁路建设行政主管部门、监管部门、监督机构和建设管理单位参考使用。

图书在版编目(CIP)数据

铁路建设工程监督检查实务手册. 第二分册，路基与轨道工程/广东省交通运输厅组织编写. —北京：人民交通出版社股份有限公司，2023.7

ISBN 978-7-114-18797-1

Ⅰ.①铁… Ⅱ.①广… Ⅲ.①铁路工程—工程施工—监督管理—广东—手册②铁路路基—铁路工程—工程施工—监督管理—广东—手册③轨道(铁路)—铁路工程—工程施工—监督管理—广东—手册 Ⅳ.①U215.1-62 ②U213.1-62

中国国家版本馆CIP数据核字(2023)第090810号

Tielu Jianshe Gongcheng Jiandu Jiancha Shiwu Shouce
Di-er Fence Luji yu Guidao Gongcheng

书　　名：铁路建设工程监督检查实务手册 第二分册 路基与轨道工程
著 作 者：广东省交通运输厅
责任编辑：郭晓旭
责任校对：孙国靖 刘 璇
责任印制：张 凯
出版发行：人民交通出版社股份有限公司
地　　址：(100011)北京市朝阳区安定门外外馆斜街3号
网　　址：http://www.ccpcl.com.cn
销售电话：(010)59757973
总 经 销：人民交通出版社股份有限公司发行部
经　　销：各地新华书店
印　　刷：北京建宏印刷有限公司
开　　本：889×1194 1/16
印　　张：8.5
字　　数：154千
版　　次：2023年7月 第1版
印　　次：2023年11月 第2次印刷
书　　号：ISBN 978-7-114-18797-1
定　　价：58.00元
(有印刷、装订质量问题的图书，由本公司负责调换)

《铁路建设工程监督检查实务手册》

编审委员会

主　任：贾绍明

副主任：梁育辉　王　新　陈德柱　张　强

委　员：许传博　肖宇松　张　帆　符　兵
顾建华　刘智成　黄力平　余国武
安春生　刘明江　李奎双　庄碧涛
姜云楼　肖秋生　王爱武　谭　文
潘明亮　张　峰　陈山平　郭明泉
张晓占　张春武

《铁路建设工程监督检查实务手册》

参与单位

主编单位：中铁大桥勘测设计院集团有限公司

参编单位：广东省铁路建设投资集团有限公司

广州地铁集团有限公司

深圳市地铁集团有限公司

广东省交通建设工程质量检测中心

广东省交通运输工程造价事务中心

中铁武汉勘察设计院有限公司

《铁路建设工程监督检查实务手册
第二分册　路基与轨道工程》

参与人员

主要起草人员：张春武　王爱武　张　和　陈山平
刘应才　黄庆文　李　超　楚延德
曹劲劲　林熠钿　邓树森　胡开东

主要审查人员：王　新　许传博　符　兵　陆　晖
余永金　刘彬彬　张晓占　尹中彬
李明汇

FOREWORD 序　言

推动铁路高质量发展是新时代新征程铁路工作的主题。高质量发展，离不开高质量的监管。广东省交通运输厅组织中铁大桥勘测设计院集团有限公司、中铁武汉勘察设计院有限公司等编制的《广东省铁路工程监管工作标准化指南》和《铁路建设工程监督检查实务手册》（以下分别简称《指南》和《手册》）是推动铁路建设工程监督工作规范化、正规化的具体举措，是推动铁路建设高质量发展、打造“轨道上的大湾区”、助力交通强省建设的重要体现。

《指南》聚焦基层监管人员监督业务不熟练、检查尺度不统一等难题，从“为什么查、查什么、怎么查、查完怎么办”等角度入手，系统地介绍了监管责任分工、监督服务机构的设置和人员要求，阐述了监管工作的方式方法，全面总结了勘察设计、工程造价、质量安全、建设市场秩序、投诉举报和事故调查等监管活动的工作要求和业务流程。《手册》以坚持问题导向、突出重点为原则，明确了工程质量安全的检查事项、检查环节、检查内容、检查方法、依据条款、问题描述、问题定性和处理，采用清单形式，简单明了，便于检查人员操作。

《指南》和《手册》具有很强的操作性，通过统一监管工作要求，细化工作流程，规范监管行为，明确监管重点事项实施清单，可进一步提升铁路监管效能。

《指南》和《手册》有利于指导和督促各工程参建单位全面落实各方主体责任，保证工程优质安全，有助于建设、设计、监理、施工单位技术与管理人员掌握铁路工程质量安全管理要点，检查、监督、控制工程的质量安全，对从事铁路建设工程监管和建设管理的读者也会有一定的帮助。

谨向广大的铁路建设管理人员推荐本系列丛书。

中国工程院院士 [signature]

2023 年 6 月

PREFACE 前　言

为进一步规范和加强铁路建设工程监管工作，推进铁路高质量发展，依法履行监管职责，提升监管效能，建设优质安全、绿色高效的现代化铁路，广东省交通运输厅组织中铁大桥勘测设计院集团有限公司、中铁武汉勘察设计院有限公司等编制了《铁路建设工程监督检查实务手册》（以下简称《手册》）。《手册》依据现行铁路建设有关法律法规，充分吸收和总结国家铁路局及其地区监督管理局、广东省铁路建设工程监管工作的经验编制而成。

铁路是国家战略性、先导性、关键性重大基础设施，是国民经济大动脉、重大民生工程和综合交通运输体系骨干，在经济社会发展中的地位和作用至关重要。推动新时代铁路高质量发展，离不开有力有效的监管。《手册》的编制，既是落实中共中央、国务院印发的《质量强国建设纲要》和《国务院办公厅关于深入推进跨部门综合监管的指导意见》（国办发〔2023〕1号）的要求，强化事前事中事后全链条监管，提升监管工作标准化、规范化水平的务实举措，也是督促监管人员落实监管责任、规范监管行为的重要体现。

《手册》分为6个分册，包括《第一分册　参建单位责任》《第二分册　路基与轨道工程》《第三分册　桥涵工程》《第四分册　隧道工程》《第五分册　房建工程》和《第六分册　铁路四电工程》。《手册》具有以下主要特点：一是全面贯彻落实国家及铁路行业现行的法律、法规和标准规范，以推动铁路高质量发展为目标，坚持问题导向、突出重点的原则，确定了铁路建设工程现场安全、工程实体质量检查的事项清单；二是采用清单形式条目化地呈现了铁路各专业重点监管事项的检查环节、检查内容和检查方法，同时一一对应列出了每项检查内容依据的法律条款、问题的描述、突出问题的定性和行政处理建议，便于检查人员操作；三是每册附录列出了铁路建设工程监督检查常用的法律、法规、规章、制度、标准和规范等，并加以编号，在正文中以编号列出，方便查阅，例如：A01指附录“A　法律”部分的第01项——《中华人民共和国建筑法》，以此类推。

本书为《手册》的第二分册，主要介绍路基工程现场安全监督检查、轨道工程现场安全监督检查、路基工程质量监督检查和轨道工程质量监督检查；旨在明确路基、轨道工程实体质量、现场安全监督重点事项,突出施工、监理控制关键环节,督促参建各方压实主体责任,克服当前路基、轨道工程常见的质量通病,提高建设管理水平,保证工程优质安全。

《手册》编撰过程中,参考了大量铁路相关法律、法规、规范、规程、验收标准和参考文献资料,特向原作者个人和单位表示感谢。同时,国家铁路局、广州铁路监督管理局给予的大力支持,在此一并感谢。

《手册》作为铁路建设工程监管工作的依据,供各级铁路建设行政主管部门、监管部门、监督机构和建设管理单位参考使用。使用过程中发现的问题和意见建议,请反馈至广东省交通运输厅地方铁路处(地址:广州市越秀区白云路27号,邮政编码:510101),供今后修订参考。

广东省交通运输厅

2023年6月

CONTENTS 目 录

第一章
路基工程现场安全监督检查

本章介绍路基工程现场安全监督检查主要内容。路基工程是由填筑或开挖而形成的直接支承轨道的结构,是轨道的基础,是保证列车运行的重要建筑物。它包括路基地基、路基本体、路基防护和加固建筑物、路基支挡建筑物以及路基防排水设施。在施工过程中,如果采用正确的施工方法、操作工艺和合理的机械设备,就能保证各项质量指标满足设计及验收标准要求;否则,会在工程完工后或运营阶段出现各种路基病害,给养护维修带来很大的困难,甚至危及行车安全。

一、主要检查内容

路基工程现场安全监督检查内容主要包括:路基基本作业安全、地基处理工程、填料制备、路基填筑工程、路堑开挖工程、特殊路基工程、支挡工程、边坡防护工程、防排水工程、相关工程、营业线及邻近营业线路基工程等。

路基基本作业安全方面主要检查建立健全安全规章制度、营业线及邻近营业线施工管理、路基作业安全基本规定等。

地基处理工程方面主要检查原地面处理和地基处理、强夯和强夯置换作业、砂桩、碎石桩、挤密桩、搅拌桩和旋喷桩、混凝土预制桩、混凝土灌注桩等。

填料制备方面主要检查生产加工、存储、装运和卸料等。

路基填筑工程方面主要检查取土、路基填筑、过渡段及锥体填筑、堆载预压等。

路堑开挖工程方面主要检查土方机械开挖、石方机械开挖、爆破开挖、弃方等。

特殊路基工程方面主要检查特殊土(岩)区段、浸水地段及水库地段、滑坡及泥石流地段、落石、崩塌与岩堆地段、岩溶与坑洞地段等。

支挡工程方面主要检查重力式挡土墙、悬臂式和扶壁式挡土墙、锚杆挡土墙和土钉墙、加筋土挡土墙、抗滑桩(锚固桩)和桩板挡土墙、预应力锚索、槽型挡土墙等。

边坡防护工程方面主要检查绿色防护和包坡防护、骨架护坡和孔窗式护坡、实体护坡(墙)和喷射混凝土护坡、锚杆(锚索)框架梁、柔性安全防护网等。

防排水工程方面主要检查临时防排水、永久防排水等。

相关工程方面主要检查四电相关工程、声屏障及风屏障、防护栅栏及检查设施等。

营业线及邻近营业线路基工程方面主要检查路堤帮宽、路堑拓宽、路基加宽、站场改造路基等。

二、安全控制措施

1. 路基基本作业安全

(1)建立健全安全规章制度(安全体系文件、安全生产管理机构和专职安全管理人员、安全生产责任制)。

(2)营业线及邻近营业线施工管理(与相关单位签订安全协议、营业线及邻近营业线施工纳入营业线施工管理)。

(3)遵守路基作业安全基本规定,现场调查情况,施工前和施工过程中收集气象资料、水文和地质灾害等相关信息,路基施工安全标志、防护设施设置情况,路基施工作业按规定使用相应的劳动保护用品情况、施工机械管理情况,施工过程中遇特殊情况的处理。

2. 地基处理工程

(1)对受影响的构筑物、缆线等进行监测情况;施工机械防倾覆措施情况。

(2)原地面处理和地基处理作业设置防护和警示标志,山坡上避免重叠伐树作业,不准坑缘堆土。

(3)强夯和强夯置换作业现场设置安全警示标志,作业人员保持安全距离,作业完成后夯锤放置平稳。

(4)砂桩和碎石桩桩基施工按照作业顺序,作业料斗下方不准站人。

(5)挤密桩查柱锤冲扩桩设置自动脱钩装置,柱锤作业过程中,作业人员保持安全距离。

(6)搅拌桩和旋喷桩机械设备按要求进出场和停放,吊装、拆卸和移动机械邻近既有建(构)筑物作业采取防歪斜、倾覆措施,使用防护用具,喷浆嘴堵塞及时处理,作业前检查压力设备、管路系统,近地面作业时采取防伤人措施。

3. 填料制备

建场(厂)方案、防排水措施、防雷设施设置及环保措施。

4. 路基填筑工程

(1)路基填筑按照专项施工方案实施。

(2)路堤与路堑过渡段、路堤与桥台过渡段及锥体、路堤与横向结构物过渡段等填筑作业符合设计要求。

(3)堆载预压作业,应处理好周边排水,按要求进行变形观测。

5. 路堑开挖工程

(1)路堑开挖按专项施工方案进行,按要求进行变形监测。

(2)爆破作业单位应具备爆破施工企业资质。

(3)弃土场应及时做好防排水,周围应设置安全警示标志,并应按设计要求弃土和及时防护。

6. 特殊路基工程

(1)特殊路基工程施工,应准备应急物资、进行人员培训和安全教育,按要求进行变形观测。

(2)特殊土(岩)区段浸水地段,水库地段,滑坡及泥石流地段,围岩、落石和崩塌与岩堆地段,分段跳槽开挖,清理危岩、落石,按要求采取加固措施。

7. 支挡工程

(1)支挡工程按照专项施工方案实施。边坡危岩、山体稳定性排查及安全措施、截排水措施、支挡结构工程按方案施作,施工前做好截排水设施。

(2)挡土墙开挖前保持排水通畅,基础、墙体、沉降缝及排水孔按要求施作,做好安全防护。

(3)抗滑桩(锚固桩)和桩板挡土墙开挖前、开挖中、开挖后做好安全防护。

8. 边坡防护工程

(1)逐级开挖,逐级防护,做好截排水系统。

(2)绿色防护、包坡防护、骨架护坡、孔窗式护坡、实体护坡(墙)、喷射混凝土护坡施作要合理规划运输、作业人员路径,防止落物伤人。

(3)锚杆(锚索)框架梁按要求进行变形监测和应力监测,及时进行混凝土灌注。

(4)主动安全防护网按设计要求连接,支撑绳、缝合绳应张紧并与锚杆、钢柱连接牢固;锚杆顶端环套不应高出坡面,支撑绳要密贴坡面;被动安全防护网各组成部分按要求连接,地脚螺栓连接牢固。

9. 防排水工程

防排水永临结合到位,天沟、侧沟过渡段排水通畅。

10. 相关工程

(1)四电基础工程与路基同步施作,工程设施吊装、埋设作业按要求采取安全措施。

(2)四电相关工程沟槽开挖按方案实施,顺线路两侧存放的挖基土方应采取隔离措施。

11. 营业线及邻近营业线路基工程

进行图纸会审、施工调查和现场核对,按专项施工方案施工,编制应急预案,机械设备采取防倾覆、防冲撞、防隔离措施,按要求采取安全防护措施。

三、监督检查事项

路基工程现场安全监督检查项点主要有检查环节、检查内容和方法、检查依据、常见问题或情形、定性、处理依据和处理措施，具体内容详见表 1-1 ~ 表 1-11。

路基基本作业安全监督检查事项

表 1-1

序号	检查环节	检查内容和方法	检查依据	常见问题或情形	定性	处理依据	处理措施
1	建立健全安全规章制度	1. 查安全体系文件； 2. 查机构设置、人员配备； 3. 查安全生产责任制落实情况	D02 第 1.0.5 条， B01 第二十一条、第二十三条	无或安全体系文件不全	安全体系不健全	—	责令限期改正
				未设立安全生产管理机构、配备专职安全管理人员	安全管理不健全	B01 第六十二条	责令限期改正，责令停业整顿，罚款
				未落实或落实安全生产责任制不到位	未落实安全生产责任制	B01 第六十六条	—
2	营业线及邻近营业线施工管理	1. 与相关单位的开工手续办理情况； 2. 营业线安全管理情况	D02 第 3.0.4 条， B05 第十一条	1. 未与相关单位签订安全协议； 2. 营业线及邻近营业线施工未纳入营业线施工管理	不执行铁路营业线安全施工管理规定	B05 第八十四条	责令限期改正，责令停业整顿，罚款
3	遵守路基作业安全基本规定	现场调查情况	D02 第 3.0.3 条	未开展现场调查，对施工影响范围内的既有设施、设备等未进行确认，未采取安全防护措施	未采取防护措施	B01 第六十四条	责令限期改正、责令停业整顿，罚款
		施工前和施工过程中及时掌握气象资料情况	D02 第 3.0.11 条	施工前和施工过程中未及时掌握气象资料、水文和地质灾害等相关信息，遇极端气候未做好安全防护措施	未根据环境变化采取相应的安全措施	B01 第六十四条	
		路基施工安全警示标志、防护设施设置情况	D02 第 3.0.12 条， B01 第 28 条	路基施工中，未设置安全标志，未设置必要的围挡等防护设施，未安排专人看管	未在施工现场的危险部位设置明显的安全警示标志	B01 第六十二条	

续上表

序号	检查环节	检查内容和方法	检查依据	常见问题或情形	定性	处理依据	处理措施
4	路基作业安全基本规定	路基施工作业按规定使用相应的劳动保护用品情况	D02 第3.0.13条	未配备、未按规定使用相应的劳动保护用品	未按要求正确使用防护用品	—	责令改正
		施工机械管理情况	D02 第3.0.16条	施工机械在架空输电线路附近作业或通过时，未按相应电压等级保持安全距离；雷雨天施工机械在架空高压线下方或旁侧作业、停放	违章作业	—	
		施工过程中遇特殊情况的处理情况	D02 第3.0.19条	遇文物、危险品等未停止作业，未及时上报			

注：各责任单位未按照法律、法规和工程建设强制性标准进行建设、勘察、设计、施工和监理而导致建设工程实体和现场存在安全隐患的，责令限期改正；情节严重或逾期未改正的，责令停业整顿；造成重大安全事故、重大伤亡事故或者其他严重后果的，处以罚款；构成犯罪的，依照刑法有关规定追究刑事责任。

地基处理工程监督检查事项

表 1-2

序号	检查环节	检查内容和方法	检查依据	常见问题或情形	定性	处理依据	处理措施
1	一般规定	对受影响的构筑物、缆线等进行监测情况	D02 第4.1.5条	未对受影响的构筑物、缆线等进行监测；未根据情况采取安全技术措施	违反铁路工程安全管理相关规定	—	—
		施工机械设备防倾覆措施情况	D02 第4.1.8条	路基边沟、边坡、坑缘作业未采取防机械倾覆、防基坑坍塌的安全措施	—	B01 第六十四条	责令限期改正，责令停业整顿，罚款

续上表

序号	检查环节	检查内容和方法	检查依据	常见问题或情形	定性	处理依据	处理措施
2	原地面处理和地基处理	现场安全防护措施落实情况	D02 第4.2.1条、 第4.2.3条、 第4.2.6条	1. 未设置防护和警示标志，山坡上重叠伐树作业； 2. 冲击(振动)碾压施工转场未对冲击轮采取稳固措施；夯机间距不足；未安排专人指挥； 3. 坑缘堆土	违反铁路工程安全管理相关规定	B01 第六十二条、 第六十四条	责令限期改正，责令停业整顿，罚款
3	强夯和强夯置换作业	现场安全防护措施落实情况	D02 第4.4.3条、 第4.4.5条	1. 未按规定设置安全警示标志； 2. 夯机作业时，作业人员未保持安全距离；作业完成后夯锤未放置平稳	未在施工现场的危险部位设置明显的安全警示标志；未采取安全防护措施	B01 第六十二条、 第六十四条	责令限期改正，责令停业整顿，罚款
4	砂桩和碎石桩	桩基施工作业顺序；现场安全防护措施情况	D02 第4.7.3条、 第4.7.4条	1. 桩基施工作业顺序与设计要求不一致； 2. 作业料斗下方站人	违反铁路工程安全管理相关规定	—	责令改正
5	挤密桩	安全作业情况	D02 第4.8.5条、 第4.8.7条	1. 柱锤冲扩桩自动脱钩装置设置不规范； 2. 柱锤作业过程中，作业人员未保持安全距离	违反铁路工程安全管理相关规定	B01 第六十二条	责令限期改正，责令停业整顿，罚款

续上表

序号	检查环节	检查内容和方法	检查依据	常见问题或情形	定性	处理依据	处理措施
6	搅拌桩和旋喷桩	机械设备安全使用情况	D02 第4.9.2条、第4.9.7条、第4.9.8条	1. 机械设备进出场停放不稳，吊装、拆卸和移动机械邻近既有建（构）筑物作业未采取防歪斜、倾覆措施； 2. 未按规定使用防护用具，喷浆嘴堵塞处理未停机减压； 3. 作业前未检查压力设备、管路系统，近地面作业时未采取防伤人措施	违反铁路工程安全管理相关规定	B01 第六十二条	责令限期改正，责令停业整顿，罚款
7	混凝土预制桩	机械设备安全使用情况	D02 第4.11.8条、第4.11.9条、第4.11.10条	1. 桩架移动作业行人跨越滑车组，停止作业时桩锤未放至最低位置； 2. 打桩作业前未进行安全检查，打桩作业时人员未保持安全距离，作业后桩锤未安全放置； 3. 振动桩作业时人员未保持安全距离，作业后人眼桩锤未安全放置	违反铁路工程安全管理相关规定	B01 第六十二条	责令限期改正，责令停业整顿，罚款
8	混凝土灌注桩	钢筋笼吊装情况	D02 第4.12.8条、第4.12.13条	1. 钢筋笼搬运和吊装未采取安全防护措施； 2. 成孔作业时，未对异常情况采取应急措施；高压胶管下站人	违反铁路工程安全管理相关规定	B01 第六十二条、第六十四条	责令限期改正，责令停业整顿，罚款

表 1-3

填料制备监督检查事项

序号	检查环节	检查内容和方法	检查依据	常见问题或情形	定性	处理依据	处理措施
1	一般规定	1. 填料生产场(厂)及其临时房屋设置情况; 2. 防排水措施情况; 3. 防雷设施设置情况; 4. 环境保护情况	D02 第 5.1.2 条、第 5.1.3 条、第 5.1.7 条、第 5.1.11 条	1. 建场(厂)方案不健全,不合理; 2. 未采取防排水措施; 3. 未设置防雷设施; 4. 未按要求采取环保措施	场区设置不符合安全要求,安全环保措施不到位	B01 第六十四条、第六十五条	责令限期改正,责令停业整顿,罚款
2	生产加工	机械设备安全使用情况	D02 第 5.2.5 条、第 5.2.7 条	1. 输送机下设置穿行通道未采取安全措施; 2. 破碎机外露传动部位及受料仓出口段未设置防护罩,安装拆卸时设备下站人,破碎机带负荷启动,直接用手清除料腔内的残存块石,破碎过程中打开观察孔	未按安全管理制度作业;安全环保措施不到位;落实安全生产责任制不到位	B01 第六十二条、第六十四条	责令限期改正,责令停业整顿,罚款
3	存储	安全警示、安全防护措施情况	D02 第 5.3.3 条 ~ 第 5.3.6 条	1. 未设置安全警示标识,未采取安全隔离措施; 2. 人员未与大体积料堆保持安全距离; 3. 取样点未与料堆顶面边缘保持安全距离; 4. 运输车卸料位置未与料堆顶边缘保持安全距离	未按安全管理制度作业;安全环保措施不到位;落实安全生产责任制不到位	B01 第六十二条、第六十四条	责令限期改正,责令停业整顿,罚款

续上表

序号	检查环节	检查内容和方法	检查依据	常见问题或情形	定性	处理依据	处理措施
4	装运和卸料	机械设备安全使用情况	D02 第5.4.2条、第5.4.4条～第5.4.6条	1. 卸料坡道不满足纵横向安全坡度要求； 2. 挖掘机、装载机、运输车等装运和卸料违章作业，交叉作业未安排专人指挥，停车轮距坑边距离不足1.5m	未按安全管理制度作业；安全环保措施不到位；落实安全生产责任制不到位	B01 第六十二条、第六十四条	责令限期改正，责令停业整顿，罚款

路基填筑工程监督检查事项

表1-4

序号	检查环节	检查内容和方法	检查依据	常见问题或情形	定性	处理依据	处理措施
1	一般规定	复杂环境下路堤填筑专项施工方案编制情况	D02 第6.1.2条	未编制专项施工方案	在施工组织设计中未编制专项施工方案	B01 第六十五条	责令限期改正，责令停业整顿，罚款
		路基防排水永临结合，过渡段排水系统情况	D02 第6.1.3条、第6.1.4条	未按要求施作路基防排水设施	违反铁路工程安全管理相关规定	B05 第八十三条	
		路基填筑施工各区段交叉作业情况	D02 第6.1.6条	人机作业管理混乱，未安排专人指挥	—	—	责令改正
		地面陡横坡路基填筑情况	D02 第6.1.8条	路基填筑未控制填筑速率	落实安全生产责任制不到位	B01 第六十四条、第六十五条	责令限期改正，责令停业整顿，罚款
		路基变形监测情况	D02 第6.1.9条	损坏路基变形监测设施	—	—	责令改正

续上表

序号	检查环节	检查内容和方法	检查依据	常见问题或情形	定性	处理依据	处理措施
2	取土	取土场设置、取土及安全防护措施情况	D02 第6.2.1条、 第6.2.3条、 第6.2.7条~ 第6.2.9条	1. 在崩塌和滑坡危险区、泥石流易发区内取土； 2. 掏底取土； 3. 取土场边坡超设计坡度，未按设计要求采取防护措施； 4. 未设置警示标志，未采取安全防护措施； 5. 未做好环境保护、水土保持工作	未按安全管理制度作业；安全环保措施不到位；落实安全生产责任制不到位	B01 第六十二条、 第六十四条~ 第六十六条	责令限期改正，责令停业整顿，罚款
3	路基填筑	机械设备安全使用情况	D02 第6.3.3条~ 第6.3.6条	1. 车辆走行中卸土，人员未保持安全距离； 2. 推土机、平地机、压路机等机械未按规定作业，交叉作业未安排专人指挥，压路机距路堤填筑边缘不足0.5m	未按安全管理制度作业；安全环保措施不到位；落实安全生产责任制不到位	B01 第六十二条、 第六十四条~ 第六十六条	责令限期改正，责令停业整顿，罚款
4	过渡段及锥体填筑	1. 防排水措施； 2. 机械设备安全使用情况	D02 第6.4.1条、 第6.4.4条~ 第6.4.6条	1. 排水措施不到位； 2. 路堤与路堑过渡段，路堤与桥台过渡段及锥体、路堤与横向结构物过渡段，路堤与路堑过渡段等填筑作业，未按规定作业	未按安全管理制度作业；落实安全生产责任制不到位	B01 第六十二条、 第六十四条	责令限期改正，责令停业整顿，罚款
5	堆载预压	1. 防排水措施； 2. 变形观测	D02 第6.5.1条、 第6.5.3条	1. 未做好周边排水； 2. 未按规定实施变形观测	—	—	责令改正

路堑开挖工程监督检查事项

表 1-5

序号	检查环节	检查内容和方法	检查依据	常见问题或情形	定性	处理依据	处理措施
1	一般规定	特殊路堑施工专项方案编制情况	D02 第7.1.2条	未编制专项施工方案	未编制专项施工方案	B01 第六十五条	责令限期改正，责令停业整顿，罚款
		对构筑物、地质情况核对情况	D02 第7.1.3条、第7.1.4条	未对靠近的构筑物采取防护措施；未对地质情况进行核对	安全环保措施不到位；落实安全生产责任制不到位	B01 第六十四条、第六十五条	
		路堑引、截、排水、防渗措施情况	D02 第7.1.5条	防排水永临结合不到位	违反铁路工程安全管理相关规定	B05 第八十三条	
		路堑自上而下分级分层开挖情况	D02 第7.1.10条	未按开挖方案开挖：掏底开挖；未自上而下分级分层开挖；上下重叠作业	未按安全管理制度作业；安全环保措施不到位；落实安全生产责任制不到位	B01 第六十二条、第六十四条～第六十六条	
		变形监测情况	D02 第7.1.11条	变形监测不规范、不到位	—	—	责令改正
		弃土场设置情况	D02 第7.1.12条	弃土场不满足环境保护、水土保持相关要求；弃土场设置不合理；未按设计进行弃方作业	安全环保措施不到位；落实安全生产责任制不到位	B01 第六十四条、第六十五条	责令限期改正，责令停业整顿，罚款

续上表

序号	检查环节	检查内容和方法	检查依据	常见问题或情形	定性	处理依据	处理措施
2	土方机械开挖	1. 应急处理情况； 2. 机械设备使用情况	D02 第 7.2.1 条、第 7.2.2 条	1. 对出现的不利地层分界面、滑动面、地下水出露等特殊情况反馈、处理不及时； 2. 挖掘机作业半径内站人，距工作面边缘距离不足，最大开挖高度和深度超过规定高边坡、陡坡较大石块和杂物未清除违章作业	未按安全管理制度作业；安全环保措施不到位；落实安全生产责任制不到位	B01 第六十二条、第六十四条、第六十五条	责令限期改正，责令停业整顿，罚款
3	石方机械开挖	1. 应急处理情况； 2. 机械设备使用情况	D02 第 7.3.1 条、第 7.3.5 条	1. 未清理坡面危岩落石； 2. 破碎锤作业未安排专人指挥和防护，作业半径内站人，距工作面边缘距离不足，违章作业	未按安全管理制度作业；安全环保措施不到位；落实安全生产责任制不到位	B01 第六十二条、第六十四条、第六十六条	责令限期改正，责令停业整顿，罚款
4	爆破开挖	1. 爆破安全管理； 2. 安全作业情况	D02 第 7.4.2 条、第 7.4.6 条、第 7.4.8 条、第 7.4.12 条	1. 爆破作业无相关资质、未进行专项审批； 2. 未安排专人统一指挥，未划定警戒区，未安排警戒人员，未设置警示标志； 3. 设置炮孔未采取湿式凿岩，在残眼上钻孔，钻眼和装药平行作业； 4. 未排除未引爆的爆炸物，未清理危石	未按安全管理制度作业；安全环保措施不到位；落实安全生产责任制不到位	B01 第六十二条、第六十四条～第六十六条	责令限期改正，责令停业整顿，罚款

续上表

序号	检查环节	检查内容和方法	检查依据	常见问题或情形	定性	处理依据	处理措施
5	弃方	弃土场安全防护、安全作业、防排水情况	D02 第7.5.3条、第7.5.5条	1. 未设置安全警示标识，未按要求弃土，未及时防护，未采取安全措施； 2. 防排水设施未按要求设置，排水不畅； 3. 未遵循先挡后弃；贴近桥梁墩台或其他构筑物弃土；弃方容量超过50万m^3或最大堆高超过20m，未进行稳定性评估	未按安全管理制度作业；安全环保措施不到位；落实安全生产责任制不到位	B01 第六十二条、第六十四条～第六十六条	责令限期改正，责令停业整顿，罚款

特殊路基工程监督检查事项

表1-6

序号	检查环节	检查内容和方法	检查依据	常见问题或情形	定性	处理依据	处理措施
1	一般规定	特殊路基施工应急情况	D02 第8.1.4条	应急物资准备不足；人员培训和安全教育不到位	落实安全生产责任制不到位	B01 第六十四条、第六十六条	责令限期改正，责令停业整顿，罚款
		特殊路基环境保护、水土保持情况	D02 第8.1.5条	不满足环境保护、水土保持要求	安全环保措施不到位；落实安全生产责任制不到位	B01 第六十二条、第六十四条	
		软土、膨胀土（岩）、盐渍土区段路基施工情况	D02 第8.5.1条、第8.5.2条、第8.5.4条	1. 软土区段路基施工施工组织，变形观测； 2. 膨胀土（岩）截排水系统和防、隔水设施未先行施作，路堑边坡未分段跳槽开挖，支挡结构和边坡防护工程未随挖随护，弃土清运、堆放不规范； 3. 降雨时进行盐渍土区段路基施工，作业人员和设备未采取防腐蚀措施			

续上表

序号	检查环节	检查内容和方法	检查依据	常见问题或情形	定性	处理依据	处理措施
2	特殊土（岩）区段	浸水地段及水库地段安全防护措施情况	D02 第8.6.2条、第8.6.3条～第8.6.6条	1. 未在汛期前完成水下防护工程； 2. 未在影响范围内设置警示标志，未根据现场情况设置防护设施； 3. 水位差较大的浸水路堤，未采取防管涌措施； 4. 未根据实际情况合理设置防冲刷设施，上下重叠作业，抛扔物料及作业工具，石笼不按要求设置	安全环保措施不到位；落实安全生产责任制不到位	B01 第六十二条、第六十四条	责令限期改正，责令停业整顿，罚款
3	浸水地段及水库地段	1. 安全监测情况； 2. 防排水设施设置情况； 3. 滑坡地段安全施作、安全防护措施情况	D02 第8.7.2条～第8.7.4条	1. 未采取针对性的安全监测措施； 2. 未在影响范围内设置警示标志，未根据现场情况设置防护设施； 3. 滑坡地段未在施工前做好截、排水设施	安全环保措施不到位；落实安全生产责任制不到位	B01 第六十二条、第六十四条	责令限期改正，责令停业整顿，罚款

续上表

序号	检查环节	检查内容和方法	检查依据	常见问题或情形	定性	处理依据	处理措施
4	滑坡及泥石流地段	1. 安全监测情况； 2. 防排水设施设置情况； 3. 滑坡地段安全施作、安全防护措施情况	D02 第 8.7.6 条	未按设计要求的施工顺序组织施工；大段拉槽开挖，未随挖随护；抗滑桩、锚索施工未按从两端逐步向滑坡主轴方向进行；抗滑桩挡土墙未按先施作抗滑桩、边坡开挖、施作挡土墙的顺序实施	安全环保措施不到位；落实安全生产责任制不到位	B01 第六十二条、第六十四条	责令限期改正，责令停业整顿，罚款
			D02 第 8.7.7 条	采取减载、反压加载措施时，减载未自上而下；弃土堆放于滑动区域内或滑体上方；反压加载的堆土和减载的弃土堵塞滑体下部的渗、排水口			

续上表

序号	检查环节	检查内容和方法	检查依据	常见问题或情形	定性	处理依据	处理措施
5	危岩、落石和崩塌与岩堆地段	安全防护措施情况	D02 第8.8.2条~第8.8.5条	1. 在影响范围内设置生产生活设施，存放机械、机具； 2. 未安排专人检测和巡查，安全生产责任制落实不到位； 3. 未在影响范围内设置警示标志，未根据现场情况设置防护设施； 4. 未清理危岩、落石，未采取加固措施	安全环保措施不到位；落实安全生产责任制不到位	B01 第六十二条、第六十四条	责令限期改正，责令停业整顿，罚款
6	岩溶与坑洞地段	1. 安全防护措施情况； 2. 对路基有影响的岩溶水、地表水处理情况； 3. 注浆处理情况	D02 第8.9.2条~第8.9.5条	1. 人员进入不稳定坑洞未采取临时支撑等安全措施； 2. 未根据现场情况设置警示标志和防护设施； 3. 未对路基有影响的岩溶水、地表水进行疏导、引排； 4. 未对注浆情况进行观测，发生异常时未采取相应措施	安全环保措施不到位；落实安全生产责任制不到位	B01 第六十二条、第六十四条	责令限期改正，责令停业整顿，罚款

支挡工程监督检查事项

表 1-7

序号	检查环节	检查内容和方法	检查依据	常见问题或情形	定性	处理依据	处理措施
1	支挡工程一般规定	1. 特殊支挡结构施工专项方案编制情况； 2. 边坡危岩、山体稳定性排查及安全措施情况； 3. 截排水措施情况； 4. 支挡结构工程按方案施作情况	D02 第 9.1.2 条	未编制专项施工方案	在施工组织设计中未编制专项施工方案	B01 第六十五条	责令限期改正，责令停业整顿，罚款
			D02 第 9.1.4 条	危岩、落石清理不彻底；柔性防护网不到位	未按安全管理制度作业；落实安全生产责任制不到位	B01 第六十二条、第六十四条、第六十五条	
			D02 第 9.1.5 条	施工前未做好截排水设施	—	—	责令改正
			D02 第 9.1.8 条、第 9.1.9 条	1. 通长开挖； 2. 未采取保证基坑稳定的措施，重叠作业	未按安全管理制度作业；落实安全生产责任制不到位	B01 第六十二条、第六十四条	责令限期改正，责令停业整顿，罚款
2	重力式挡土墙	1. 挡土墙基础开挖情况； 2. 墙身施作情况	D02 第 9.2.3 条、第 9.2.4 条	1. 弃土或堆放材料距坑边距离小于 2m，基坑未分层回填夯实，顶面未设置成向外不小于 4% 的排水坡； 2. 墙顶排水及防渗设施未及时施作；泄水孔未按要求设置，排水不畅；墙体未达设计强度即开始墙背填土，墙背填土未分层填筑、碾压密实	未按安全管理制度作业；落实安全生产责任制不到位	B01 第六十二条、第六十四条	责令限期改正，责令停业整顿，罚款

续上表

序号	检查环节	检查内容和方法	检查依据	常见问题或情形	定性	处理依据	处理措施
3	悬臂式和扶壁式挡土墙	1. 开挖情况； 2. 施作及安全防护情况	D02 第9.3.1条～第9.3.5条	1. 未分段分层，自上而下开挖； 2. 凸榫未按设计要求开挖，未与墙底混凝土一同浇筑； 3. 墙底板、面板和肋的连接部位的钢筋未一次绑扎； 4. 钢筋骨架支撑不牢固，在钢筋骨架上敷设电线、电缆；泄水孔排水不畅；墙顶排水及防渗未及时施作；模板不按规定拆除；墙体未达设计强度即开始墙背填土，墙背填土未分层填筑、碾压密实，墙背反滤层未随填土同步实施	未按安全管理制度作业；落实安全生产责任制不到位	B01 第六十二条、第六十四条	责令限期改正，责令停业整顿，罚款

续上表

序号	检查环节	检查内容和方法	检查依据	常见问题或情形	定性	处理依据	处理措施
4	锚杆挡土墙和土钉墙	1. 开挖情况； 2. 施作及安全防护情况	D02 第9.4.1条～第9.4.5条	1. 未自上而下分层进行，未随挖随支护； 2. 土钉墙注浆强度未到，已扰动锚杆； 3. 锚杆挡土墙锚杆施工未开展管道检查工作，注浆体强度未达要求即扰动锚杆及在下方作业等； 4. 土钉墙未采取措施防止上部和上下层连接处局部失稳，钻孔作业过程中向孔内灌水； 5. 墙面喷射混凝土时，喷嘴前站人； 6. 管道处理不规范	未按安全管理制度作业；落实安全生产责任制不到位	B01 第六十二条、第六十四条	责令限期改正，责令停业整顿，罚款
5	加筋土挡土墙	1. 开挖情况； 2. 施作及安全防护情况	D02 第9.5.1条、第9.5.2条、第9.5.6条	1. 未分层分段、自上而下开挖； 2. 吊装作业影响范围内站人； 3. 车辆在未覆盖的拉筋上行走，卸料与面板安全距离不足1.5m；压路机在未经压实的填料上急停急转，使用羊足碾；未分层填筑、未碾压密实	未按安全管理制度作业；落实安全生产责任制不到位	B01 第六十二条、第六十四条	责令限期改正，责令停业整顿，罚款

续上表

序号	检查环节	检查内容和方法	检查依据	常见问题或情形	定性	处理依据	处理措施
6	抗滑桩（锚固桩）和桩板挡土墙	开挖前、开挖中、开挖后的安全防护情况	D02 第9.6.1条	未制订防止流沙、管涌、有害气体等预防措施；未编制应急预案，未进行应急演练；未安排专人监测变形情况；未设置地表截排水、防渗设施和防坠物护栏；未加筑不低于0.30m高的锁扣，未加盖；未按要求设置围挡和安全警示标志；未保持通信畅通；未对卷扬机进行全面安全检查	未按安全管理制度作业；落实安全生产责任制不到位	B01 第六十二条、第六十四条	责令限期改正，责令停业整顿，罚款
			D02 第9.6.2条	对水位较高或岩溶发育地层，未采取相应的安全技术措施；地面未安排专人安全监护；孔内未设置爬梯；未进行孔内有害气体监测，未按要求采取孔内通风；雨季施工未搭设雨棚；未注意孔内爆破、用电安全；护臂在土层变化处或滑动面处分节；未在薄弱处采取加强护臂措施；吊钩未设置防脱钩装置；起吊作业不按规定操作		B01 第六十二条、第六十四条、第六十五条	

续上表

序号	检查环节	检查内容和方法	检查依据	常见问题或情形	定性	处理依据	处理措施
6	抗滑桩（锚固桩）和桩板挡土墙	开挖前、开挖中、开挖后的安全防护情况	D02 第9.6.3条	挖出的土石未及时运离孔口；停止作业时未加盖防护，未设置警示标志	未按安全管理制度作业；落实安全生产责任制不到位	B01 第六十二条、第六十四条、第六十五条	责令限期改正，责令停业整顿，罚款
		作业安全防护情况	D02 第9.6.4条	超挖立模浇筑；未按要求拆模；群桩未按从两端向滑坡主轴方向隔桩开挖；桩间土体未分层开挖、分层加固；多排锚索（杆）未分层施作		B01 第六十二条、第六十四条	
		钢筋笼绑扎、吊装作业情况	D02 第9.6.6条	孔内绑扎钢筋未采取防护措施，未控制孔内人数；起吊作业未清理孔口物料，影响范围内站人；孔内钢筋搭设不按规定执行		B01 第六十二条、第六十四条、第六十五条	
7	预应力锚索	施作及安全防护情况	D02 第9.7.2条～第9.7.4条、第9.7.7条	1. 未分段开挖，未分层分级、自上而下； 2. 钻孔作业未按规定操作； 3. 预应力锚索安装过程中，上下重叠作业； 4. 在锚索端部悬挂重物	未按安全管理制度作业；落实安全生产责任制不到位	B01 第六十二条、第六十四条、第六十五条	责令限期改正，责令停业整顿，罚款

续上表

序号	检查环节	检查内容和方法	检查依据	常见问题或情形	定性	处理依据	处理措施
8	槽型挡土墙	施作及安全防护情况	D02 第9.8.2条、第9.8.3条、第9.8.5条	1. 未自上而下开挖，掏底开挖； 2. 底板、竖墙连接部位的钢筋未一次绑扎； 3. 墙体未达设计强度即进行墙背填土，未分层填筑、碾压密实，墙背反滤层未随填土同步施作	未按安全管理制度作业；落实安全生产责任制不到位	B01 第六十二条、第六十四条、第六十五条	责令限期改正，责令停业整顿，罚款

边坡防护工程监督检查事项

表1-8

序号	检查环节	检查内容和方法	检查依据	常见问题或情形	定性	处理依据	处理措施
1	一般规定	现场核对及防护措施情况	D02 第10.1.2条	采取的防护措施不到位	未按安全管理制度作业；落实安全生产责任制不到位	B01 第六十二条、第六十四条、第六十五条	责令改正
		截排水施作情况	D02 第10.1.5条	未按设计做好截排水系统			
		路堑多级边坡开挖情况	D02 第10.1.6条	未按要求逐级开挖，逐级防护			责令限期改正，责令停业整顿，罚款
		施工机具、吊装作业情况	D02 第10.1.7条、第10.1.8条	1. 作业设备管理不到位； 2. 吊装作业不规范			责令改正

续上表

序号	检查环节	检查内容和方法	检查依据	常见问题或情形	定性	处理依据	处理措施
2	绿色防护和包坡防护	施作及安全防护情况	D02 第10.2.3条、第10.2.6条	1. 生态袋、植生袋未按要求码砌和固定； 2. 废弃物随意弃置	未按安全管理制度作业；落实安全生产责任制不到位	B01 第六十二条、第六十四条~第六十六条	责令限期改正，责令停业整顿，罚款
3	骨架护坡和孔窗式护坡	1. 规划施作路径情况； 2. 施作及安全防护情况	D02 第10.3.2条~第10.3.4条	1. 未合理规划运输、作业人员路径，落物伤人； 2. 未分段施工，未自下而上砌筑，上下重叠作业，物料堆放距坡顶距离不足1m； 3. 护坡混凝土浇筑时，每级边坡未自下而上施工	未按安全管理制度作业；落实安全生产责任制不到位	B01 第六十二条、第六十四条~第六十六条	责令限期改正，责令停业整顿，罚款
4	实体护坡(墙)和喷射混凝土护坡	施作及安全防护情况	D02 第10.4.1条、第10.4.4条	1. 基坑超挖、欠挖，未及时排除积水； 2. 喷锚网防护施工前未清刷坡面浮土、浮石，端部未涂防锈漆并悬挂重物	未按安全管理制度作业；落实安全生产责任制不到位	B01 第六十二条、第六十四条	责令限期改正，责令停业整顿，罚款

续上表

序号	检查环节	检查内容和方法	检查依据	常见问题或情形	定性	处理依据	处理措施
5	锚杆(锚索)框架梁	施作及安全防护情况	D02 第10.5.2条、第10.5.3条、第10.5.5条	1. 未进行变形监测和应力监测; 2. 施工操作平台不稳固; 3. 对不稳定坡面未随挖随安设锚杆(索),未及时灌注;锚杆垫板与框架梁不密贴,端部悬挂重物	未按安全管理制度作业;落实安全生产责任制不到位	B01 第六十二条、第六十四条	责令限期改正,责令停业整顿,罚款
6	柔性安全防护网	施作及安全防护情况	D02 第10.6.2条、第10.6.6条、第10.6.7条	1. 未先清除危石; 2. 主动安全防护网未按设计要求连接,支撑绳、缝合缝与锚杆、钢柱未连接牢固;锚杆顶端环套高出坡面,支撑绳不密贴坡面; 3. 被动安全防护网各组成部分未按要求连接,地脚螺栓连接不牢固	未按安全管理制度作业;落实安全生产责任制不到位	B01 第六十二条、第六十四条	责令限期改正,责令停业整顿,罚款

防排水工程监督检查事项

表 1-9

序号	检查环节	检查内容和方法	检查依据	常见问题或情形	定性	处理依据	处理措施
1	一般规定	防排水永临结合情况	D02 第 11.1.2 条、第 11.1.6 条	1. 防排水永临结合施作不到位； 2. 未按设计要求截排地表水	未按安全管理制度作业；落实安全生产责任制不到位	B01 第六十二条、第六十四条	责令限期改正，责令停业整顿，罚款
		防排水工程的应急处理	D02 第 11.1.5 条、第 11.1.8 条	1. 防排水应急处理不及时； 2. 排水成品保护不到位			
2	临时防排水	施作及安全防护情况	D02 第 11.2.3 条、第 11.2.4 条	1. 未按要求施作临时排水设施； 2. 开挖区周围未采取临时挡水措施	—	—	责令改正
3	永久防排水	施作及安全防护情况	D02 第 11.3.1 条、第 11.3.2 条、第 11.3.5 条、第 11.3.7 条	1. 天沟、侧沟未按要求设置； 2. 过渡段排水不畅； 3. 路基横向排水不畅； 4. 检查井、集水井暂停时井口未加盖	未按安全管理制度作业；落实安全生产责任制不到位	B01 第六十二条、第六十四条	责令限期改正，责令停业整顿，罚款

相关工程监督检查事项

表 1-10

序号	检查环节	检查内容和方法	检查依据	常见问题或情形	定性	处理依据	处理措施
1	一般规定	专业接口、施工顺序、安全技术交底情况	D02 第 12.1.4 条、第 12.1.5 条	1. 专业接口施工顺序混乱； 2. 四电基础工程未与路基同步施作	未按安全管理制度作业；落实安全生产责任制不到位	B01 第六十四条、第六十五条	责令限期改正，责令停业整顿，罚款
		工程设施吊装、埋设作业情况	D02 第 12.1.6 条	安全措施不到位		B01 第六十二条、第六十四条	
2	四电相关工程	施作及安全防护情况	D02 第 12.2.3 条、第 12.2.4 条、第 12.2.5 条	1. 接触网基础施工未设置警戒绳和标志，非作业时段孔口未加设木板防护； 2. 直埋缆线沟槽开挖未按制定的方案实施，未设置警示标志、标识； 3. 四电开挖作业顺线路两侧土方未采取隔离措施，基础施工未设置锁口，未完善排水设施	未按安全管理制度作业；落实安全生产责任制不到位	B01 第六十二条、第六十四条～第六十六条	责令限期改正，责令停业整顿，罚款
3	声屏障及风屏障	1. 存储、运输安全措施情况； 2. 施作及安全防护情况	D02 第 12.3.4 条、第 12.3.5 条	1. 单元板存放和运输未采取措施保证作业人员安全； 2. 声屏障安装未采取防坠落措施，与其他工程上下同时作业	未按安全管理制度作业；落实安全生产责任制不到位	B01 第六十二条、第六十四条	责令限期改正，责令停业整顿，罚款

续上表

序号	检查环节	检查内容和方法	检查依据	常见问题或情形	定性	处理依据	处理措施
4	防护栅栏及检查设施	1. 存储、运输、组装安全措施情况； 2. 施作及安全防护情况	D02 第 12.4.2 条、第 12.4.4 条	1. 预制件在存放、运输、组装的过程中安全防护措施不到位； 2. 防护栅栏的刺笼和栅栏门安装不牢固	未按安全管理制度作业；落实安全生产责任制不到位	B01 第六十二条、第六十四条	责令限期改正，责令停业整顿，罚款

营业线及邻近营业线路基工程监督检查事项

表 1-11

序号	检查环节	检查内容和方法	检查依据	常见问题或情形	定性	处理依据	处理措施
1	一般规定	图纸会审和现场核对，专项施工方案、应急预案情况	D02 第 13.1.3 条～第 13.1.6 条	1. 未进行图纸会审、施工调查和现场核对； 2. 未编制专项施工方案、应急预案； 3. 未按规定审批； 4. 设计、施工方案发生变更的未按规定组织方案审查	未编制专项施工方案	B01 第六十五条	责令限期改正，责令停业整顿，罚款
		施工侵线、监测、安全防护情况	D02 第 13.1.7 条～第 13.1.10 条	1. 施工侵限； 2. 机械设备未采取防倾覆、防冲撞、防隔离措施； 3. 未进行变形监测； 4. 未设置安全防护措施，设置防护标志、警示灯影响铁路行车	未按安全管理制度作业；落实安全生产责任制不到位	B01 第六十二条、第六十四条	
		排水情况	D02 第 13.1.11 条	影响既有排水系统正常使用	—	—	责令改正
		临时道口设置情况	D02 第 13.1.12 条	临时道口未按要求设置	—	—	

续上表

序号	检查环节	检查内容和方法	检查依据	常见问题或情形	定性	处理依据	处理措施
2	路堤帮宽	施作及安全防护情况	D02 第13.2.1条~第13.2.3条	1. 未设置隔离措施，未划分作业区域； 2. 未采取挖台阶分层填筑方式进行路堤帮宽，挖除作业未采取安全防护措施； 3. 拆除作业未随填筑进度自下而上拆除	未按安全管理制度作业；落实安全生产责任制不到位	B01 第六十二条、第六十四条	责令限期改正，责令停业整顿，罚款
3	路堑拓宽	施作及安全防护情况	D02 第13.3.1条~第13.3.3条、第13.3.5条	1. 拆除既有设施未随开挖进度自上而下分层、分段拆除； 2. 未按照横断面自上而下进行； 3. 在营业线一侧未采取防护隔离措施，机具侵限； 4. 路基爆破作业未在线路锁定时间内进行，未设防护网、排架或棚架等防护设施，未及时清理土石等	未按安全管理制度作业；落实安全生产责任制不到位	B01 第六十二条、第六十四条、第六十五条	责令限期改正，责令停业整顿，罚款

续上表

序号	检查环节	检查内容和方法	检查依据	常见问题或情形	定性	处理依据	处理措施
4	路基加宽	1. 施作及安全防护情况； 2. 监测情况	D02 第 13.4.1 条～第 13.4.3 条	1. 未在封锁或慢性条件下进行，未做好安全防护； 2. 未进行监测工作； 3. 采取桩体加固时，未根据与营业线距离，由近及远逐排跳桩作业；设备移动和作业未采取防倾覆措施	未按安全管理制度作业；落实安全生产责任制不到位	B01 第六十二条、第六十四条、第六十五条	责令限期改正，责令停业整顿，罚款
5	站场改造路基	施作及安全防护情况	D02 第 13.5.2 条～第 13.5.4 条	1. 未对路基施工影响区域新、旧设备及设施进行标识； 2. 未按照方案确定的施工顺序和交互关系施工； 3. 阻塞站场综合排水设施	未按安全管理制度作业；落实安全生产责任制不到位	B01 第六十二条、第六十四条、第六十五条	责令限期改正，责令停业整顿，罚款

第二章
轨道工程现场安全监督检查

本章介绍轨道工程现场安全监督检查主要内容。轨道工程现场安全监督检查主要包括轨道板(枕)制造,轨道材料的装卸、运输和存放,有砟道床施工,无砟道床施工,无缝线路铺设,有缝线路铺设,道岔和钢轨伸缩调节器铺设,工程运输,营业线轨道施工等。

一、主要检查内容

轨道板(枕)制造方面主要检查轨道板制造、轨枕制造等;轨道材料的装卸、运输和存放主要检查铺轨基地设置,铺轨基地设置,轨枕装卸、运输和存放,轨道板装卸、运输和存放,扣配件装卸、运输和存放,道岔及钢轨伸缩调节器装卸、运输、存放,其他材料装卸、运输、存放,机械设备的使用等。

有砟道床施工方面主要检查铺轨前铺砟、铺砟整道、机械设备的使用等。

无砟道床施工方面主要检查枕式无砟道床、板式无砟道床、机械设备的使用等。

无缝线路铺设主要检查有砟轨道铺枕铺轨、工地钢轨焊接、无缝线路应力放散及锁定、机械设备的使用等。

有缝线路铺设方面主要检查轨排组装、机械铺轨等;道岔和钢轨伸缩调节器铺设主要检查无砟道岔铺设、有砟道岔铺设、机械设备使用等。

工程运输方面主要检查新线工程运输等。

营业线轨道施工方面主要检查一般规定、改建营业线、机械设备的使用等。

二、安全控制措施

1. 轨道板(枕)制造

车间内设置通风除尘设备配备,厂房或基础的地基承载力进行检算,按照专项施工方案实施。

2. 轨道材料的装卸、运输和存放

(1)轨料的存放、装卸和搬运设专人指挥,夜间装卸轨料照明充足;施工人员卸车操作符合相关规定；运输设备运行中（除风动卸砟车卸砟，长轨列车卸长轨外）不准进行装卸轨料作业。

（2）铺轨基地内应设置应急通道。

（3）轨枕装卸、运输和存放查轨枕铁路运输装载按照加固方案实施。

（4）机械设备的使用人员应经过安全培训。

3. 有砟道床施工

采用机械碾压法摊铺道砟时，卸车位置和方量应合理安排，不应影响后续运输及施工作业。

4. 无砟道床施工

隧道内或夜间施工要设置安全防护，跨公路或铁路立交桥施工按要求进行防护，施工现场物资临时存放按要求采取防火措施。

5. 无缝线路铺设

（1）钢轨焊接作业时配备防火器材。

（2）有砟轨道铺枕铺轨要求牵引长钢轨时卡牢牵引卡，设专人防护。

（3）无缝线路应力放散及锁定要求拆扣件时不得砸卸扣件，上扣件时每两人间间隔3根轨枕的距离且站在扳手的一侧。

6. 有缝线路铺设

（1）施工现场的动火作业执行动火审批制度。

（2）机械铺轨查长大坡道的轨排铺设使用拖拉轨排的滚筒车体运输轨排时，轨排和滑轨间设置止滑卡具。

7. 道岔和钢轨伸缩调节器铺设

（1）道岔和钢轨伸缩调节器铺设按要求配备和所铺设类型相匹配的施工机具，并对作业人员进行安全技术培训。

（2）轨排纵移小车的抬轨梁安装时，按要求控制间距，符合岔枕间距位置和均衡受力的要求；轨排纵移接近指定地点后，采用木楔制动。

（3）有砟道岔铺设道岔滑移过程中按要求安排专人盯控滑轮。

8. 工程运输

（1）工程线与营业线接轨处设隔开设备，工程列车在营业线运行或在营业线车站作业时，遵守营业线有关规定。

（2）工程路料在装卸车时货运人员注意执行监装监卸制度，无货运人员时要指派胜任人员负责监装监卸。

（3）新线工程运输开设基地站和前方站，在基地站设货物装载加固检查人员，超长、超限轨料长距离运输时在适当地点设置货运检查站检查轨料车的装载加固情况。

9. 营业线轨道施工

(1)按照营业线专项施工方案实施,签订营业线安全协议,按要求进行营业线施工安全防护。

(2)改建营业线要求成立营业线运营管理单位组织机构并履职,施工单位进行现场环境和条件调查及方案制定。

三、监督检查事项

轨道工程现场安全监督检查项点主要有检查环节、检查内容和方法、检查依据、常见问题或情形、定性、处理依据和处理措施,具体内容详见表2-1～表2-9。

轨道板(枕)制造监督检查事项 表 2-1

序号	检查环节	检查内容和方法	检查依据	常见问题或情形	定性	处理依据	处理措施
1	一般规定	1. 查车间内通风除尘设备配备； 2. 查相关厂房或基础的地基承载力检算； 3. 专项施工方案	D05 第 4.1.2 条	1. 车间内未在相应工位设置通风除尘设备，噪声、空气质量不符合相关规定； 2. 未进行厂房基础、轨道板(枕)存放区、制板台座基础等地基承载力检算； 3. 厂房安拆、起重设备安拆及搅拌站安拆未编制专项施工方案； 4. 场内未设置安全应急通道	在施工组织设计中未编制专项施工方案	B01 第六十五条	责令限期改正，责令停业整顿，罚款
2	轨道板制造	1. 查危险区域或部位防护措施、警示标志； 2. 查求生器材配备情况； 3. 查相关构配件检测情况	D05 第 4.2.3 条、第 4.2.5 条、第 4.2.8 条	1. 轨道板水养池周围未设置防护设施，未设立警告和危险标识，未配置救生器材；水养池外露加温管道未采取防烫伤措施； 2. 张拉杆和连接器未委托有资质的检验机构进行探伤检测； 3. 轨道板张拉过程中，油管使用前未进行耐压试验，千斤顶后方未设置“禁止通行”警示牌	未在施工现场的危险部位设置明显的安全警示标志	B01 第六十二条	责令限期改正，责令停业整顿，罚款

续上表

序号	检查环节	检查内容和方法	检查依据	常见问题或情形	定性	处理依据	处理措施
3	轨枕制造	1. 查辊道周围安全警示标志； 2. 查轨枕存放和运输情况	D05 第 4.3.1 条、第 4.3.8 条	1. 模型在辊道上滑行时，未在辊道周围设置安全警示牌，辊道端头未设置限位防撞设施； 2. 轨枕存放和运输过程中，采用叉车码垛转运超过 8 层	未在施工现场的危险部位设置明显的安全警示标志	B01 第六十二条	责令限期改正，责令停业整顿，罚款

轨道材料的装卸、运输和存放

表 2-2

序号	检查环节	检查内容和方法	检查依据	常见问题或情形	定性	处理依据	处理措施
1	一般规定	查轨料的堆卸、搬运、夜间作业情况	D05 第 5.1.3 条、第 5.1.9 条～第 5.1.11 条	1. 轨料的存放、装卸和搬运无专人指挥，夜间装卸轨料照明不充足； 2. 施工人员卸车操作不符合相关规定； 3. 运输设备运行中（除风动卸砟车卸砟，长轨列车卸长轨外）进行装卸轨料作业； 4. 在运输途中需先卸部分料具时，车上剩余料具偏载	存在安全生产隐患	—	责令改正
2	铺轨基地	查应急通道有关情况	D05 第 5.2.1 条	基地内未设置应急通道，未保持畅通，相邻料堆间作业距离小于 0.5m，基地内主要通道上的单开道岔小于 9 号	存在安全生产隐患	—	责令改正

续上表

序号	检查环节	检查内容和方法	检查依据	常见问题或情形	定性	处理依据	处理措施
3	铺轨基地设置	1. 生产线及装卸线两侧的料具堆码情况； 2. 查库房间距及防火措施； 3. 查易燃易爆品仓库布置情况	D05 第5.2.3条～第5.2.5条	1. 轨排组装生产线两旁及装卸线两侧的料具堆码不整齐，有侵限现象，影响取送车作业和操作员对位视线； 2. 轨排场内的硫磺仓库和锚固车间距木枕堆放区小于50m，无防火措施； 3. 易燃易爆品仓库布置不符合防火、防爆安全距离要求，消防设备不足	未按照国家有关规定在施工现场设置消防通道、消防水源、配备消防设施和灭火器材	B01 第六十二条	责令限期改正，罚款
		1. 查防溜及车挡装置情况； 2. 查基地排水系统情况	D05 第5.2.6条、第5.2.7条	1. 轨轮起重设备和各种轨道车辆，未设防溜设施，走行线尽头未设车挡和警示标志； 2. 基地排水系统不畅通	存在安全生产隐患	—	责令改正
4	轨枕装卸、运输和存放	1. 查轨枕铁路运输装载加固方案； 2. 轨枕存放情况	D05 第5.4.3条、第5.4.5条	1. 轨枕铁路运输未按照铁路部门批准的装载加固方案执行； 2. 预应力混凝土枕存放地面未找平压实，支垫不稳固，堆码高度超过14层，每层间支垫物未高出挡肩或道钉顶面20mm；木枕堆放区无防火设施；岔枕未分组存放，长枕在上、短枕在下，堆码层数超过4层	未按规定存放相关材料，存在安全隐患	—	责令改正

续上表

序号	检查环节	检查内容和方法	检查依据	常见问题或情形	定性	处理依据	处理措施
5	轨道板装卸、运输和存放	查轨道板存放	D05 第5.5.7条	CRTSⅠ型、Ⅲ型轨道板未采用横向竖立状态放置，存放处地基未平整并加固处理；CRTSⅡ型轨道板存放未水平朝上，层数超过10层	未按规定存放相关材料，存在安全隐患	—	责令改正
6	扣配件装卸、运输和存放	查橡胶或塑料垫板存放	D05 第5.6.5条	橡胶或塑料垫板未存入库房内，阳光直射和雨雪浸淋，未远离热源，与易燃品、氧化剂、强酸溶剂的物品共储；堆码过高	未按规定存放相关材料，存在安全隐患	—	责令改正
7	道岔及钢轨伸缩调节器装卸、运输、存放	查道岔、钢轨伸缩调节器的存放情况	D05 第5.8.3条、第5.8.6条	1. 道岔存放时，尖轨与基本轨组件、可动心轨组件、长轨件，装车码垛层数多于4层，每层未用木质垫块垫实垫平，垫块未按高度方向垂直设置； 2. 钢轨伸缩调节器存放时，码放尖轨与基本轨组件的场地未平整，码垛层数多于4层，每层用小于60mm×60mm的木质垫块垫实垫平，垫块未按高度方向垂直设置，垫块间距大于4m且布置不均匀	未按规定存放相关材料，存在安全隐患	—	责令改正

续上表

序号	检查环节	检查内容和方法	检查依据	常见问题或情形	定性	处理依据	处理措施
8	其他材料装卸、运输、存放	查硫黄的存放、装卸和搬运的情况	D05 第5.9.3条	硫黄未储存于硫黄仓库内，成垛堆放，堆码间通道宽度大于0.75m，硫黄搬运存在摔、扔、掷现象，搬运人员作业时未使用防护用品，搬运和使用过程中暴晒、雨淋	未按规定存放相关材料，存在安全隐患	—	责令改正
9	机械设备的使用	1. 查单轨车、轨道小平车的使用情况； 2. 查单轨车、轨道小平车专门管理情况； 3. 查单轨车、轨道小平车安全防护措施	D05 第5.10.2条	1. 使用人员未经过安全培训； 2. 使用前未取得车站值班人员对使用时间的承认，未做好登记签认； 3. 使用时未设专人负责，未设置施工安全防护，未配足随车人员； 4. 使用负责人未配备音响信号、信号旗、信号灯； 5. 轨道小平车未具备常闭式制动装置及两个以上的铁鞋； 6. 两辆及以上小平车运行时未保持两车间的安全距离，在长大坡道线路上使用轨道小平车； 7. 单轨车和轨道小平车上载人	作业人员或特种作业人员未经安全教育培训或经考核不合格即从事相关工作	B01 第六十二条	责令限期改正，责令停业整顿，罚款

续上表

序号	检查环节	检查内容和方法	检查依据	常见问题或情形	定性	处理依据	处理措施
9	机械设备的使用	查轨道车的使用情况	D05 第5.10.3条	1. 轨道车驾驶员未持证上岗； 2. 运送施工人员时，轨道平板车未设置端板、侧板，未安排专人负责安全	存在安全隐患	—	责令改正

有砟道床施工监督检查事项

表2-3

序号	检查环节	检查内容和方法	检查依据	常见问题或情形	定性	处理依据	处理措施
1	一般规定	1. 查道砟临时存放是否侵限； 2. 查卸砟情况	D05 第6.1.2条、第6.1.5条	1. 道砟临时存放侵入建筑限界； 2. 运砟车倒车卸砟退出时，未设专人指挥	存在安全隐患	—	责令改正
2	铺轨前铺砟	查机械碾压法摊铺道砟情况	D05 第6.2.1条	卸车位置和方量安排不合理，影响后续运输及施工作业；操作员离开机械前未关闭发动机	存在安全隐患	—	责令改正

续上表

序号	检查环节	检查内容和方法	检查依据	常见问题或情形	定性	处理依据	处理措施
3	铺砟整道	查风动卸砟车作业情况	D05 第6.3.1条	1. 卸砟车在下列情况违规卸砟：未到达卸车地点，未确认卸车信号，道口、明桥面或影响道岔、信号使用的地段，照明不足，邻线来车时，列车转移走行途中； 2. 卸完道砟后在下列情况违规开车：未清理好线路，车门未关好，车内余砟偏载，施工负责人未给运转车长卸车完毕信号	存在安全隐患	—	责令改正
		查大型机械养路铺砟整道情况	D05 第6.3.3条	1. 作业时侵入邻线限界，未在两端设置防护； 2. 配砟整形车在电气化区段、接近接触网支柱作业时，未停车收回侧犁通过；遇到道心障碍物时，未及时停车提起中心犁； 3. 大型机养设备在封锁区间独自运行时，续行间隔少于300m，运行速度大于40km/h，两机间未设专人防护			

续上表

序号	检查环节	检查内容和方法	检查依据	常见问题或情形	定性	处理依据	处理措施
4	机械设备的使用	查大型养路机械的使用情况	D05 第6.4.4条	1. 大型养路机械施工运行、调车作业、长途挂运等作业安全技术不符合大型养路机械使用管理规则相关规定； 2. 操作员未持证上岗； 3. 设备运行前，未对有关部位进行全面检查	存在安全隐患	—	责令改正
		查道砟清筛机的使用情况	D05 第6.4.5条	1. 工作前未进行检查保养润滑，油路不畅通； 2. 设备上未备齐防护自救用品； 3. 作业后未进行全面检查、认真进行维修、保养			

无砟道床施工监督检查事项

表 2-4

序号	检查环节	检查内容和方法	检查依据	常见问题或情形	定性	处理依据	处理措施
1	一般规定	1. 查运输车辆装载、行车速度； 2. 查隧道内或夜间照明情况； 3. 查隧道内或夜间施工安全防护情况； 4. 查跨公路或铁路立交桥施工防护情况； 5. 查施工现场物资临时存放情况及防火措施	D05 第 7.1.7 条～第 7.1.10 条、第 7.1.12 条	1. 运输车辆人、料混装，车辆行驶速度过快，平交道口和狭窄场地未设“缓行”标志； 2. 夜间或隧道内施工时，照明不足； 3. 隧道内或夜间施工时，施工作业人员未穿戴反光服，材料及设备未贴反光条，有障碍物位置未设反光标志； 4. 跨公路或铁路的立交桥未采取防坠落等安全措施； 5. 施工现场临时存放的土工布、塑料膜、硬泡沫塑料板、嵌缝材料、弹性套靴等无防火措施，土工布、塑料膜和硬泡沫塑料板等非耐火材料铺设后，未隔离热源	未在施工现场的危险部位设置明显的安全警示标志	B01 第六十二条	责令限期改正，责令停业整顿，罚款

续上表

序号	检查环节	检查内容和方法	检查依据	常见问题或情形	定性	处理依据	处理措施
2	枕式无砟道床	1. 查轨排支撑架法施工施工情况； 2. 查物流组织和运输情况	D05 第7.2.2条、第7.2.5条	1. 轨排支撑架法施工无砟道床，工具轨吊装未采用专用吊具作业，运输中工具轨堆码超过3层，未梯形堆码，层与层之间未用方木垫平； 2. 隧道内运送轨料、支撑架、轨枕和混凝土时行车速度大于10km/h；利用已建成的轨道运送轨料时无防溜措施	存在安全隐患	—	责令改正
3	板式无砟道床	1. 查轨道板铺设情况； 2. 查自密实混凝土及水乳化沥青砂浆拌制及灌注情况	D05 第7.3.2条、第7.3.3条	1. 起吊轨道板前未详细检查提升机构及锁闭装置是否灵活、完好，“带病”使用；轨道板铺放对位过程中，未设专人指挥； 2. 自密实混凝土及水乳化沥青砂浆拌制时，在拌制车停放处未设防护人员进行巡视；拌制车停放在坡道上作业时，未在车轮下设置防溜装置；中转仓的搅拌电机及开关未设置防水装置；在给拌制车装干粉料时，作业人员未配备防尘保护用具和高处作业防护措施	未在施工现场采取相应的安全施工措施	B01 第六十四条	责令限期改正

续上表

序号	检查环节	检查内容和方法	检查依据	常见问题或情形	定性	处理依据	处理措施
4	机械设备的使用	1. 查轮胎式跨双线可变门式起重机操作情况； 2. 查运板车操作情况	D05 第7.4.1条、第7.4.2条	1. 未定期检查维护制动器、限位开关、吊具、钢丝绳、荷载限制器等，工作前未作空载运行，离开操作室前未切断电源，未采取防风防溜措施； 2. 运板车操作员未经培训、考试合格后上岗，运板车后退或转弯时未有专人指引	存在安全隐患	—	责令改正

无缝线路铺设监督检查事项

表2-5

序号	检查环节	检查内容和方法	检查依据	常见问题或情形	定性	处理依据	处理措施
1	一般规定	查平板车防溜措施	D05 第8.1.6条	平板车在大于6‰的线路上无动力停车，平板车在线路上停放未打好铁鞋	—	—	责令改正
		查钢轨焊接作业时防火器材配备情况	D05 第8.1.7条	钢轨焊接未配备足够数量的防火器材	未按照国家有关规定在施工现场设置消防通道、消防水源、配备消防设施和灭火器材	B01 第六十二条	责令限期改正，罚款
		1. 查施工现场动火作业审批情况； 2. 查长钢轨运输情况	D05 第8.1.8条、第8.1.11条、第8.1.12条	1. 施工现场动火作业未执行动火审批制度； 2. 长钢轨运输未制定运行监护、停车检查等安全制度； 3. 长钢轨列车发车前未对长钢轨锁定等装载加固状态进行检查确认，存在超出车辆限界现象	相关安全制度不完善	—	责令改正

续上表

序号	检查环节	检查内容和方法	检查依据	常见问题或情形	定性	处理依据	处理措施
2	有砟轨道铺枕铺轨	查有砟轨道铺枕铺轨情况	D05 第8.2.1条、第8.2.3条	1. 铺轨列车在施工地段运行速度大于5km/h，对位时未在钢轨上画出停车标记并派专人提前安放铁鞋； 2. 牵引长钢轨时未卡牢牵引卡，未设专人防护	未在施工现场采取相应的安全施工措施	B01 第六十四条	责令限期改正
3	无砟轨道长钢轨铺设	查无砟轨道长钢轨铺设情况	D05 第8.3.1条	长钢轨轨端通过推送装置后未安装好滑靴；防翻器安装位置不准确	未在施工现场采取相应的安全施工措施	B01 第六十四条	责令限期改正
4	工地钢轨焊接	1. 查工地钢轨焊接情况； 2. 查各工序温度测量情况	D05 第8.4.4条、第8.4.7条	1. 铝热焊接，高温火柴与焊剂未分开存放，高温火柴放在衣袋中；焊接现场未配备足够的灭火器材；锯轨和打磨作业时，作业人员未佩戴好护目镜等防护用品；非操作人员未离开作业区至少5m；铝热焊坩埚使用前受潮、破损、开裂； 2. 钢轨焊接、冷却、打磨、探伤等各工序温度测量未使用钢轨测温仪检测，用手触摸检测	未按照有关规定配备消防设施和灭火器材	B01 第六十二条	责令限期改正，责令停业整顿，罚款

续上表

序号	检查环节	检查内容和方法	检查依据	常见问题或情形	定性	处理依据	处理措施
5	无缝线路应力放散及锁定	1. 查拆扣件拆卸和安装情况； 2. 查撞轨情况； 3. 查机动车辆在线路上停放的情况	D05 第 8.5.3 条、第 8.5.6 条、第 8.5.8 条	1. 拆扣件时砸卸扣件，上扣件时每两人间未间隔 3 根轨枕的距离且未站在扳手的一侧； 2. 撞轨时用力不均匀，撞块、楔块飞出伤人； 3. 各机动车辆在线路上停放时未打好铁鞋	未在施工现场采取相应的安全施工措施	B01 第六十四条	责令限期改正
6	机械设备的使用	查长钢轨铺轨机组使用情况	D05 第 8.7.3 条	1. 在使用长钢轨铺轨机前未按规定检查各机构是否工作正常； 2. 每天工作前未检查钢丝绳的状态，达到报废标准时未及时更换，继续使用； 3. 机组停机前未按规定做好防溜措施，启机后未解除防溜措施； 4. 当转向架液压驱动装置减速器齿轮结合时连挂本机；当铺轨机处于停放或长途挂运状态时未将减速器齿轮分离	存在安全隐患	—	责令改正

续上表

序号	检查环节	检查内容和方法	检查依据	常见问题或情形	定性	处理依据	处理措施
6	机械设备的使用	查长钢轨放送车使用情况	D05 第 8.7.4 条	长钢轨牵引及推送前未检查牵引钢丝绳、接头连接器、推送装置是否正常	存在安全隐患	—	责令改正
		查长钢轨拖拉牵引车使用情况	D05 第 8.7.5 条	1. 长钢轨牵引车操作员未经培训、考试合格后上岗； 2. 长钢轨牵引车在作业前未检查各连接部位螺栓是否紧固，启动后未检查各仪表指示是否正常； 3. 长钢轨牵引车使用完毕后，操作员离开设备前未关闭操作室的门窗； 4. 停机时未做好防溜措施			

有缝线路铺设监督检查事项

表 2-6

序号	检查环节	检查内容和方法	检查依据	常见问题或情形	定性	处理依据	处理措施
1	一般规定	1. 查轨缝施工情况； 2. 查施工现场动火情况； 3. 查架桥机铺设轨排情况	D05 第 9.1.2 条 ~ 第 9.1.5 条	1. 预留轨缝未使用轨缝卡具，直接用手触探； 2. 安装接头螺栓时直接用手摸探螺栓孔眼； 3. 施工现场的动火作业未执行动火审批制度； 4. 当利用架桥机铺设轨排时未遵守架桥机铺设轨排时的安全操作规程	存在安全隐患	—	责令改正

续上表

序号	检查环节	检查内容和方法	检查依据	常见问题或情形	定性	处理依据	处理措施
2	轨排组装	1. 查硫黄库及水泥库设置情况； 2. 查硫黄砂浆熬制情况； 3. 查现场硫黄砂浆锚固作业情况	D05 第9.2.4条	1. 硫黄库及水泥库无通风、防雨、防潮、防火措施； 2. 熬制硫黄砂浆温度大于180℃，在烈火空锅时投料及中途投放硫黄，溶液超过锅容量的3/4，用锡制品盛装热硫黄砂浆，装溶液量超过容器容量的2/3； 3. 现场锚固时，未由专人操作，无防烫措施	存在安全隐患	—	责令改正
3	机械铺轨	查使用拖拉轨排的滚筒车体防溜装置设置情况	D05 第9.3.1条	使用拖拉轨排的滚筒车体运输轨排时，轨排和滑轨间无止滑卡具	未在施工现场采取相应的安全施工措施	B01 第六十四条	责令限期改正
		1. 查铺轨机风动装置及铁鞋设置情况； 2. 查轨排连接是否符合要求	D05 第9.3.4条、第9.3.9条	1. 铺轨机前端未设放风制动装置，铺轨机前轮未安放铁鞋； 2. 轨排连接时，每侧接头的每根钢轨上拧紧的接头螺栓少于2个，接头错牙大于2mm			
		查长大坡道的轨排铺设情况	D05 第9.3.13条	铺轨机对位铺轨时，未提前在下坡方向放置2个铁鞋；换装后轨排拖拉未设专人防护，未备木楔			

道岔和钢轨伸缩调节器铺设监督检查事项

表 2-7

序号	检查环节	检查内容和方法	检查依据	常见问题或情形	定性	处理依据	处理措施
1	一般规定	查道岔和钢轨伸缩调节器铺设设备配置及人员安全技术培训情况	D05 第 10.1.2 条	道岔和钢轨伸缩调节器铺设未配备和所铺设类型相匹配的施工机具，未对作业人员进行安全技术培训	作业人员未经安全教育培训或者经考核不合格即从事相关工作	B01 第六十二条	责令限期改正，责令停业整顿，罚款
		查道岔和钢轨伸缩调节器组装及固定情况	D05 第 10.1.6 条	组装道岔和钢轨伸缩调节器时，将手、脚放在基本轨和轨尖之间，直接用手探摸轨掌与钢轨、滑床板、垫板间的空隙；铺岔完成后，未用钩锁器固定尖轨、心轨，未按规定速度通过	存在安全隐患	—	责令改正
2	无砟道岔铺设	1. 查位移铺设法轨排纵移情况； 2. 查板式道岔铺设情况	D05 第 10.2.5 条、第 10.2.6 条	1. 轨排纵移小车的抬轨梁安装时未控制间距，不符合岔枕间距位置和均衡受理的要求，或轨排纵移接近指定地点后，未采用木楔制动； 2. 运输道岔板的平板汽车四周未加装角钢围挡，道岔板与围挡之间的间隙未采用硬杂木填充，道岔板未采用专用吊具吊装，道岔板精调后及调整层未达到规定强度前，人员或车辆在板上通过	存在安全隐患	—	责令改正

续上表

序号	检查环节	检查内容和方法	检查依据	常见问题或情形	定性	处理依据	处理措施
3	有砟道岔铺设	1. 查道岔钢轨接头连接情况； 2. 查道岔滑移就位情况； 3. 查拆卸滑轮滑轨情况； 4. 查道岔落底情况	D05 第10.3.3条、第10.3.5条~第10.3.7条	1. 道岔钢轨接头用鱼尾板临时连接时，穿螺栓用手指触探对孔； 2. 道岔滑移过程中未安排专人盯控滑轮； 3. 拆卸滑轮滑轨时，用起道机将道岔平稳抬起，取出滑轮抽出滑轨未在轨枕下设置保护支垫； 4. 采用齿条式起道机下落道岔时未设置防倒塌保护支垫、未分层下落，液压起道机组作业时未设专人指挥、未做好安全防护或未实行呼唤应答制度	存在安全隐患	—	责令改正
		查道岔铺设机换铺法铺设道岔情况	D05 第10.3.8条	1. 卸小车时轨道车未停稳，未做好防溜措施； 2. 上部小车在吊道岔前，未在道岔钢轨上提前设好吊钳位置； 3. 上部小车液压支腿在抬升过程中人员在下方走动，手脚伸入道岔轨排下方； 4. 上部小车吊起道岔后，在铺设和拆除辅助轨时，上部小车垂直支腿未支上安全架，未做好安全防护； 5. 辅助轨轨距不符合下部小车轮距要求，与正线轨道衔接部分未连接牢靠			

续上表

序号	检查环节	检查内容和方法	检查依据	常见问题或情形	定性	处理依据	处理措施
4	机械设备使用	查道岔换铺机使用	D05 第10.5.1条	1. 施工前小车的消防器材、警示标志、警示信号不齐全，未保持良好的性能； 2. 上部小车对位后未系好安全链就开始吊装作业； 3. 操作人员和检修人员未经常检修油箱、油路，在作业检修中吸烟	存在安全隐患	—	责令改正

工程运输监督检查事项

表2-8

序号	检查环节	检查内容和方法	检查依据	常见问题或情形	定性	处理依据	处理措施
1	一般规定	1. 查工程运输管理制度及执行情况； 2. 查工程运输事故救援机构设置及救援物资配备情况	D05 第13.1.2条～第13.1.5条、第13.1.9条、第13.1.10条	1. 建设单位未统一管理工程运输，未制订工程线运输管理办法； 2. 工程线利用列车间隙进行施工时，未按规定办理计划审批和施工登(销)记手续，未做好施工现场的防护工作；	未在施工现场采取相应的安全施工措施	B01 第六十四条	责令限期改正

续上表

序号	检查环节	检查内容和方法	检查依据	常见问题或情形	定性	处理依据	处理措施
1	一般规定	1. 查工程运输管理制度及执行情况； 2. 查工程运输事故救援机构设置及救援物资配备情况	D05 第13.1.2条～第13.1.5条、第13.1.9条、第13.1.10条	3. 工程运输管理单位未设立运输管理和生产组织机构，未按规定结合生产实际制订工程运输组织方案和管理制度、岗位责任制等，特殊工况未编制专项方案； 4. 工程线与营业线接轨处未设隔开设备； 5. 工程列车在营业线运行或在营业线车站作业时，未遵守营业线有关规定； 6. 工程运输未设立事故救援领导小组，未成立专（兼）职救援队，未在固定地点配备救援器具和材料	未在施工现场采取相应的安全施工措施	B01 第六十四条	责令限期改正
2	轨道材料装载加固	查工程路料装卸车时监装、监卸制度执行情况	D05 第13.2.3条	工程路料在装卸车时货运人员未执行监装、监卸制度，无货运人员时未指派胜任人员负责监装、监卸	存在安全隐患	—	责令改正

续上表

序号	检查环节	检查内容和方法	检查依据	常见问题或情形	定性	处理依据	处理措施
3	新线工程运输	1. 查新线工程运输行车调度室、基地站和前方站管理情况； 2. 查轨料车装载加固情况	D05 第13.3.2条	1. 工程运输未设行车调度室，未制订工程运输调度管理办法； 2. 工程运输未开设基地站和前方站，在基地站未设货物装载加固检查人员，超长、超限轨料长距离运输时未在适当地点设置货运检查站检查轨料车的装载加固情况； 3. 工程运输在基地站未设列检作业场，未根据运输距离、线路坡度、货物种类等实际情况合理增设列检作业场、装卸检修作业场	存在安全隐患	—	责令改正
		查龙门架下对位调车情况		在龙门架下对位调车时，机车车辆或货物的任何部位与倒装龙门架间的距离小于70m，距离不足时进行对位作业			

续上表

序号	检查环节	检查内容和方法	检查依据	常见问题或情形	定性	处理依据	处理措施
3	新线工程运输	检查车辆、设备停留的相关安全防护情况	D05 第13.3.2条	1. 在超过6‰坡度的线路上无动力停留机车车辆； 2. 车辆无动力在区间停留或进行甩挂，在不超过6‰坡度的线路上未拧紧机车和列车尾部车辆人力制动机，并未在列车两端以铁鞋牢靠固定； 3. 在超过6‰坡度的线路上有动力停留机车车辆时，未全列接通制动软管以及停机； 4. 机车车辆、自轮运转特种设备防溜所使用的人力制动机、人力制动机紧固器、防溜铁鞋、防溜枕木、防溜脱轨器等防溜设备、器具不符合技术标准但投入使用	存在安全隐患	—	责令改正
		查运转车长值乘及列车尾部值乘设施情况		工程列车开行未有运转车长在列车尾部值乘，列车尾部车辆未加装适于运转车长乘坐、瞭望、监控尾部风压及紧急制动的设施设备			

续上表

序号	检查环节	检查内容和方法	检查依据	常见问题或情形	定性	处理依据	处理措施
3	新线工程运输	查列车运行速度情况	D05 第13.3.2条	1. 列车运行中操作员未严格按规定速度和信号显示驾驶列车运行，操作不平稳； 2. 新铺线路经重点整道后工程列车的运行速度超过15km/h，经阶梯式提高线路允许速度后，工程列车的最高行车速度超过60km/h	存在安全隐患	—	责令改正
		1. 查机车检查（修）情况； 2. 查运用车辆使用及校验情况； 3. 查车辆检修作业情况	D05 第13.3.5条～第13.3.7条	1. 在机车转动部件转动过程中修理或擦拭，带电接触高压导线和各种电气设备的导电部分，检修时带电作业，更换闸瓦、调整制动缸行程未挂好“禁动牌”，未做好机车防溜措施，中间站停车时机车乘务人员未执行逢停必检制度； 2. 编入列车的车辆未达到运用状态，自轮运转特种设备空气制动机各阀、仪表未按规定周期进行校验；实施校验的单位无资质； 3. 列检作业场未配备带有脱轨器的防护信号，未安排专人插设、撤除脱轨器和防护信号			

续上表

序号	检查环节	检查内容和方法	检查依据	常见问题或情形	定性	处理依据	处理措施
3	新线工程运输	查影响设备稳定、使用及行车或改变行车条件的施工维修作业安全情况	D05 第13.3.8条	1. 线路养护单位未制订检查、巡查、养护及应急故障处理的相关制度； 2. 施工搭设的临时设施妨碍工程列车运行时，施工单位未在提报施工计划时予以说明，施工时未做好防护； 3. 在有调车作业的车站内，在两股道中心堆放砂石料和工器具；在区间线路两旁堆放的施工用料和工器具，距钢轨头部外侧小于1.5m；物料堆放不稳固，未进行加固； 4. 区间无缝线路换铺、焊接及应力放散等作业需要工程列车配合时，在工程列车未到达工地停妥前，就进行扣配件拆除、扒道床等影响行车和线路稳定的作业，施工完毕未按规定进行线路龙口合龙； 5. 轨道小平车未经建设管理单位许可后上道使用，轨道小平车上道作业未纳入施工计划	存在安全隐患	—	责令改正

营业线轨道施工监督检查事项

表 2-9

序号	检查环节	检查内容和方法	检查依据	常见问题或情形	定性	处理依据	处理措施
1	一般规定	1. 查营业线专项施工方案编制、审查情况； 2. 查营业线安全协议签订情况； 3. 查营业线施工方案和计划的执行情况； 4. 查营业线施工安全防护情况； 5. 查营业线区间卸车情况；	D05 第 14.1.2 条~第 14.1.4 条、第 14.1.6 条、第 14.1.8 条、第 14.1.9 条、第 14.1.11 条、	1. 营业线施工未编制专项施工方案，未经审查、未按相关规定报批后实施； 2. 施工单位未与设备管理单位和行车组织单位按施工项目分别签订安全协议； 3. 施工计划在未经审批的情况下组织施工； 4. 未严格按照批准的施工方案和计划组织施工，超范围作业； 5. 营业线施工未按规定设置施工安全防护； 6. 双线或站线施工时施工单位未在两线间加设隔离措施； 7. 营业线区间卸车时机车与车辆摘钩，风动卸砟车卸砟时运行速度超过 15km/h；装运其他材料车边走边卸；双线区间卸车侵入邻线限界；邻线来车未停止向邻线一侧卸车；卸车线高于邻线时向两线间卸轨枕等滚动物料；	存在安全隐患	—	责令改正

续上表

序号	检查环节	检查内容和方法	检查依据	常见问题或情形	定性	处理依据	处理措施
1	一般规定	6. 查营业线施工材料存放情况； 7. 查营业线施工联电情况	第 14.1.12 条、第 14.1.13 条	8. 营业线施工中使用的钢轨、轨枕、扣配件、道砟、道岔等轨料侵入铁路行车限界，未放置平稳，或拆卸的旧轨料未及时清理出建筑限界； 9. 在轨道电路区段和绝缘接头附件作业时使用没有绝缘装置或绝缘装置不良的金属机具，抬（搬）运钢轨、镦叉等金属物体时担在或放置在两股钢轨上，在钢桥上施工时把联结钢梁杆件的金属线绑在螺栓或道钉上	存在安全隐患	—	责令改正
2	改建营业线	1. 查营业线运营管理单位组织机构成立及履职情况； 2. 查施工单位现场环境和条件调查及方案制订情况； 3. 查对施工区域内影响施工作业的既有设备防护措施和安全监督情况	D05 第 14.2.1 条、第 14.2.2 条、第 14.2.5 条	1. 改建营业线施工，营业线运营管理单位未根据施工等级成立相应的施工领导小组； 2. 营业线改建施工前，施工单位未根据设计文件详细调查现场的环境和条件并制订施工方案； 3. 施工中施工单位未对施工区域内影响施工作业的既有设备采取防护措施，设备管理单位未派员对施工过程进行安全监督	存在安全隐患	—	责令改正

续上表

序号	检查环节	检查内容和方法	检查依据	常见问题或情形	定性	处理依据	处理措施
2	改建营业线	查营业线拆铺线路及道岔、轨道过渡工程以及临时岔道、便线施工作业情况	D05 第14.2.6条	1. 未根据批复的改建、拆铺以及临时设施施工计划进行书面安全交底； 2. 未在封锁线路的条件下进行营业线拆铺线路和道岔作业； 3. 封锁命令下达前上道施工，施工命令下达后施工负责人未确认施工命令的内容； 4. 施工准备时超范围作业，或安放滑轨、预铺新设备或搭设滑移平台、放置工机具时侵入建筑限界，或双线区间施工未设置安全红线或隔离措施，或无缝线路区段超出允许轨温范围以外进行松动或拆卸扣件、扒挖道床、切割钢轨等有碍行车安全的作业； 5. 电气化区段封锁施工开始后，未先加设临时轨道回流线，或施工完成后未及时拆除； 6. 线路或道岔经检查确认达到放行列车条件，施工单位接到开通命令后，未按批复的施工方案、命令规定的速度设置限速标志；	存在安全隐患	—	责令改正

续上表

序号	检查环节	检查内容和方法	检查依据	常见问题或情形	定性	处理依据	处理措施
2	改建营业线	查营业线拆铺线路及道岔、轨道过渡工程以及临时岔道、便线施工作业情况	D05 第14.2.6条	7. 线路或道岔开通后，施工单位在规定的时间或列车趟数内未对新铺线路设备进行养护作业，未及时与设备管理单位进行交接	存在安全隐患	—	责令改正
		查营业线换铺无缝线路情况	D05 第14.2.7条	1. 未在封锁线路的条件下进行无缝线路换铺作业； 2. 换下的旧轨未及时回收，存放在线路附近的未清理出限界； 3. 对待换的长钢轨未进行加固； 4. 无缝线路未按设计锁定轨温锁定；不符合设计要求时，未重新进行应力放散； 5. 对焊接接头未进行探伤检查			
		查线路拨移情况	D05 第14.2.8条	1. 线路拨移前未设置拨移控制桩，未标明拨移量； 2. 拨移准备工作影响行车安全，超前和超范围准备； 3. 无缝线路未放散区段，超出锁定轨温允许作业范围挖开道床； 4. 滑轨拨移线路作业时，未封锁线路前向线路内穿放滑轨			

续上表

序号	检查环节	检查内容和方法	检查依据	常见问题或情形	定性	处理依据	处理措施
2	改建营业线	查站场改造情况	D05 第14.2.9条	1. 未在封锁(闭)线路的条件下进行站场股道升级、换铺道岔作业,未按规定设置防护; 2. 平台滑移轨排或道岔时平台搭设不稳固牢靠,或预铺好的设备侵入限界而未采取失稳加固措施; 3. 预铺轨节或道岔的场地不平整,拼装好的轨节或道岔以及其他材料侵入限界; 4. 在线间距不足6.5m的地段进行清筛、成段更换钢轨及轨枕、成组更换道岔作业时,邻线列车未按规定限速,未设置防护; 5. 轨道升级、换铺道岔施工破底清筛道床或使用大型机械设备配合施工时,邻线来车时未停止施工,设备侵入限界; 6. 跨线滑移预铺轨节、道岔作业时,未封锁所跨线路;封锁所跨线路的时间未按调度命令实施	存在安全隐患	—	责令改正
		查轨道过渡工程施工情况	D05 第14.2.10条	轨道过渡未根据设计文件对现场进行核对,未严格按设计文件和批准的施工过渡方案进行施工			

续上表

序号	检查环节	检查内容和方法	检查依据	常见问题或情形	定性	处理依据	处理措施
2	改建营业线	查线路整道和维修情况	D05 第14.2.11条	1. 未在维修“天窗”点内进行线路整道和维修作业； 2. 桥上作业，列车通过前，作业人员未撤到桥外或避车台上，所用工具堆放在限界内； 3. 在双线区间作业，当邻线来车时，未停止作业，未下道避车，站在两线间或跨越邻线避车； 4. 电气化区段线路维修作业未执行现行营业线施工有关规定； 5. 维修作业结束时机具未停放在限界以外，覆盖机具的篷布未捆扎牢固； 6. 在营业线上使用齿条式起道机进行养护维修作业； 7. 经整道的线路未及时补充道砟，或在已卸道砟上再卸其他轨料，未将轨料卸在限界以外并堆放稳固； 8. 线路经过整道后未逐步恢复常速，或线路铺砟整道地段与相邻地段衔接处，有大于2‰的顺坡；	存在安全隐患	—	责令改正

续上表

序号	检查环节	检查内容和方法	检查依据	常见问题或情形	定性	处理依据	处理措施
2	改建营业线	查线路整道和维修情况	D05 第14.2.11条	9. 起拨道地段无足够的道砟，一次起道量超过40mm； 10. 起拨道后的线路未及时找平小坑，未消除三角坑以及高低超限并及时捣固； 11. 未加强对钢轨、接头、轨枕等轨道主要部件进行失效报废检查并标识，未及时更换	存在安全隐患	—	责令改正
		查无缝线路维修作业情况	D05 第14.2.12条	1. 无缝线路起拨道作业未按规定的作业轨温条件执行； 2. 起道前未紧固扣件； 3. 起拨道点设在焊缝处； 4. 伸缩区防爬器成段失效时，未在实际锁定轨温±5℃范围内进行整修			
		查机养作业情况	D05 第14.2.13条	1. 大型养路机械施工，未在施工天窗点内进行，未办理相关封闭要点作业手续，施工天窗时间少于180min； 2. 施工作业期间，机养施工单位和设备管理单位未分别派驻站联络员1名； 3. 大型养路机械作业区段的安全防护未随机防护；			

续上表

序号	检查环节	检查内容和方法	检查依据	常见问题或情形	定性	处理依据	处理措施
2	改建营业线	查机养作业情况	D05 第 14.2.13 条	4. 安排无缝线路机养封闭施工的“天窗”未避开高温时间;施工前设备管理单位未将该段线路实际锁定轨温及安全起、拨道量等技术数据交机养施工单位,未备足道砟,未调直钢轨,未拧紧螺栓;作业时未派专人在施工地段测量轨温;营业线上作业时,捣固车一次起道量超过 50mm,起道量超过 50mm 时未分次起道捣固;一次拨道量超过 50mm;作业中机组人员未随时监测线路变化;作业后 3d 内未派有经验的巡查人员巡回检查线路状况	存在安全隐患	—	责令改正

续上表

序号	检查环节	检查内容和方法	检查依据	常见问题或情形	定性	处理依据	处理措施
2	改建营业线	查营业线施工作业人员安全规定遵守情况	D05 第14.2.14条	1. 行车速度大于160km/h时在两线间停留或跨越邻线避车，所持料具侵入建筑限界； 2. 随意横穿铁路；确因施工需要横穿铁路，未按相关规定设置防护； 3. 钻车、扒车、跳车或通过车底部、车辆连接处传递料具； 4. 在车下、线路上或有塌方落石危险处坐卧休息	存在安全隐患	—	责令改正
3	机械设备的使用	1. 查营业线换轨车作业情况； 2. 查营业线收轨车使用情况； 3. 查营业线单轨车、轨道小平车等非机动轻型车辆使用情况； 4. 查营业线轨道车的运行情况	D05 第14.4.1条~第14.4.4条	1. 换轨车作业牵引速度大于5km/h； 2. 使用收轨车收轨作业时未保持钢轨同时起落，装车时钢轨未均匀放置在车体左右两侧，存在偏载现象； 3. 营业线使用单轨车、轨道小平车等非机动轻型车辆时，未在封锁线路条件下进行使用； 4. 营业线上运行的轨道车不符合运营管理单位的相关规定	存在安全隐患	—	责令改正

第三章
路基工程质量监督检查

本章介绍路基工程质量监督检查。路基工程质量监督检查主要包括基本规定、工程材料、地基处理、基床以下路堤、基床表层以下过渡段、路堑、基床、路基支挡工程、路基边坡防护、路基防排水、路基相关工程及设施与变形观测等。

一、主要检查内容

基本规定方面主要检查质量管理体系和制度、隐蔽工程、分项工程和检验批的划分、质量验收程序。

工程材料方面主要检查地基处理(含褥垫层)用填料、地基处理用混凝土和砂浆、地基处理用注(喷)浆材料、土工合成材料、普通填料(基床以下路堤、桩间土)、普通填料(基床底层)、物理改良土填料、化学改良土填料、基床表层与过渡段填料、预制构件等。

地基处理方面主要检查原地面处理,换填,垫层,强夯(重锤夯实),袋装砂井,塑料排水板,真空预压,堆载预压,桩基[砂(碎石)桩、挤密桩、搅拌桩、旋喷桩、素混凝土桩、混凝土预制桩、钢筋混凝土灌注桩],强夯置换,桩帽、筏板、托梁和承载板,岩溶和洞穴处理等。

基床以下路堤方面主要检查路基填筑观测、路堤沉降观测、普通填料和物理改良土、化学改良土填筑、加筋土填筑、路堤边坡成型等。

基床表层以下过渡段方面主要检查过渡段基底处理、基坑回填、基床表层以下过渡段填层及锥体填土、路堤与路堑过渡段基床表层以下填层、过渡段混凝土填层等。

路堑方面主要检查路堑开挖等。

基床方面主要检查(基床底层、基床表层)填筑、(基床表层)级配碎石等。

路基支挡工程方面主要检查重力式挡土墙、悬臂式挡土墙、扶壁式挡土墙、锚杆挡土墙、加筋土挡土墙、土钉墙、抗滑桩(锚固桩)、预应力锚索、桩板式挡土墙等。

路基边坡防护方面主要检查绿色防护、骨架护坡、孔窗式护墙(坡)、实体护坡(墙)、喷射混凝土护坡、锚杆(锚索)框架梁、柔性防护网等。

路基防排水方面主要检查排水系统施工等。

路基相关工程及设施方面主要检查电缆槽(井)、接触网支柱基础、声屏障基础、预埋管线和综合接地、检查设备、防护栅栏、取(弃)土场等。

变形观测方面主要检查变形观测及系统评估。

二、主要质量问题及控制措施

1. 路基填筑层面及基床表面平整度和横向坡度超标问题

在分层填筑路基时,由于卸土间隔掌握不好,影响摊铺,压实后表面不平,横向坡度不满足设计或验收标准的要求。

控制措施:

(1)填筑时,根据土方量、松散系数、运土车装载量计算出卸车间隔距离。

(2)填筑路基基床最后一层时,根据实际厚度重新计算用土量及卸车间隔,保证摊铺及压实均匀,方便路基面整修。

(3)用块石填筑时,将粒径较大的石块打碎,坑洼地段用碎石或石屑找平。

(4)路基面形成后及时封闭。

(5)路基边坡支挡和防护工程紧随路基工程施工,保证路基边坡土体稳定。

2. 路基砌石工程质量通病

干砌片石工程石块松动,同层卵石尺寸大小相差过大,砌体表面不平整,下沉变形等;浆砌片石工程灰缝不饱满、灰缝相错不符合设计要求,泄水孔设置不符合设计要求,碎石垫层厚度不足,不符合设计要求。

控制措施:

(1)石料强度等级应达到设计要求,片石最小块径应大于15cm。

(2)干砌片石护坡垫层应切实铺好,铺设前将基底清理干净,垫层厚薄均匀,随铺随砌,禁止不铺就砌,防止先砌后铺。

(3)浆砌片石施工采用挤浆法,砌筑前将石料清洗干净,砌筑时先铺浆,石块大面朝下,用锤敲击使石块在灰浆中稳定。不得有大灰缝、上下通缝。设置沉降缝和泄水孔,其尺寸、位置应符合设计要求。

3. 岩溶和洞穴处理

没有岩溶和洞穴处理的地质核查记录,建设单位没有组织参建单位共同评估、确认。岩溶洞穴处理的范围、高程、孔间距、孔深、灌浆压力不符合设计要求等。

4. 路基支挡工程

结构物基坑开挖墙体施作、沉降缝、反滤层及泄水孔施作不符合设计或验收标准要求。

5. 路基防排水工程

路基防排水工程的施作不符合设计要求。

控制措施：

(1)路基施工前，检查路基排水系统设计是否完善。

(2)路堑顶部排水沟、截水沟应在路堑开挖前完成。

(3)反滤层及泄水孔设置的材料、范围、厚度应符合设计要求。

(4)伸缩缝、沉降缝的设置位置、缝宽、填缝材料、填塞方式应符合设计要求。

三、监督检查事项

路基工程质量监督检查项点主要有检查环节、检查内容和方法、检查依据、常见问题或情形、定性、处理依据和处理措施，具体内容详见表 3-1 ~ 表 3-12。

表 3-1

基 本 规 定

序号	检查环节	检查内容和方法	检查依据	常见问题或情形	定性	处理依据	处理措施
1	质量管理体系和制度	检查施工、监理单位质量管理体系和制度，检查建设单位对施工、监理单位质量体系和制度的检查记录	D17 第 3.1.1 条	1. 质量管理体系有漏洞、制度不健全； 2. 建设单位未对施工、监理单位的质量管理体系和制度进行检查	质量管理体系不健全，违反技术标准	—	责令改正
2	隐蔽工程	检查隐蔽工程验收记录（影像资料）	D17 第 3.1.2 条	隐蔽工程没有检查记录或检查记录未经监理工程师签认	违反技术标准	C01 第六十五条、第六十七条	责令改正，罚款
			D17 第 3.1.3 条	没有留存影像资料或影像资料不符合验标要求			
3	分项工程和检验批的划分	检查分项工程和检验批的划分方案	D17 第 3.2.5 条	1. 没有制订检验批划分方案； 2. 检验批划分方案未审批、未备案	验收单元划分不合规，违反技术标准	C01 第六十五条、第六十七条	责令改正
4	质量验收程序	检查检验批、分项工程、分部工程验收记录	D17 第 3.4.1 ~ 第 3.4.5 条	未按程序组织检验批、分项工程、分部工程的验收；勘察设计单位未参加地基处理、变形观测、路堑开挖、支挡结构、基坑开挖、边坡防护、路基防排水等重要分部工程验收	验收程序不规范，违反技术标准	C01 第六十五条、第六十七条	责令改正，罚款等

注：各责任单位未按照法律、法规和工程建设强制性标准履行建设、勘察、设计、施工和监理等质量职责或由此导致建设工程存在实体质量问题的，责令限期改正，处以罚款；情节严重或造成工程质量事故的，责令停业整顿、降低资质等级或吊销资质证书；造成损失的，依法承担赔偿责任。

工程材料监督检查事项

表 3-2

序号	检查环节	检查内容和方法	检查依据	常见问题或情形	定性	处理依据	处理措施
1	地基处理（含褥垫层）用填料	1. 现场观察、抽检； 2. 查填料进货台账、进场检验资料 ［注： 砂的含泥量≤5%（除排水固结用作排水砂桩、袋装砂井≤5%）、颗粒级配； 碎（砾）石：最大粒径≤50mm，细粒含量≤10%（除碎石桩、柱锤冲扩桩≤5%）； 自检频率：3000m］	D17 第 3.1.2 条、第 4.5.1 条 第 4.5.4 条	1. 未检查填料即使用； 2. 填料中含有草皮、树根、垃圾等杂质； 3. 含泥量（细粒含量）超标；颗粒级配不符合规范要求；自检或见证频率不足，检验项目不全	未对建筑材料进行检验	B02 第六十五条	责令改正，罚款等
		袋装沙井用砂	D17 第 4.5.6 条	同上	未对建筑材料进行检验	B02 第六十五条	
		换填等用碎（砂）石	D17 第 4.5.5 条	最大粒径超标；其余同上			
		碎石桩、柱锤冲扩桩	D17 第 4.5.7 条	最大粒径超标；其余同上			

续上表

序号	检查环节	检查内容和方法	检查依据	常见问题或情形	定性	处理依据	处理措施
2	地基处理用混凝土和砂浆	查混凝土原材料进场检验资料，查混凝土配合比选定试验报告	D17 第4.6.1条	水泥、粗集料、细集料矿物掺合料、外加剂等原材料的品种、规格、性能不符合设计要求或相关标准规定；混凝土指标低于设计要求	未对建筑材料进行检验	B02 第六十五条	责令改正，罚款等
		查砂浆用原材料进场检验资料，查砂浆配合比报告	D17 第4.6.2条				
3	地基处理用注(喷)浆材料	查搅拌桩、旋喷桩所用水泥、粉煤灰、外加剂进场检验	D17 第4.7.2条、第4.7.3条	品种、规格、质量或性能有不符合设计要求的指标	未对建筑材料进行检验	B02 第六十五条	责令改正，罚款
4	土工合成材料	现场观察	D17 第4.8.1条	土工合成材料长时间阳光下暴晒	—	—	责令改正
		观察、尺量、核对设计文件，查土工格栅型检报告、出厂合格证、材料性能出厂检验报告、委检报告（注：土工格栅 $25000m^2$ 一批自检，20%见证）	D17 第4.8.4条	土工格栅抗拉强度、延伸率、拉伸力不符合相关标准规定；自检或见证频率不足；检验项目不全	未对建筑材料进行检验	B02 第六十五条	责令改正，罚款
		查其他土工合成材料型检验报告、出厂合格证、材料性能出厂检验报告、委检报告（注：土工格栅 $10000m^2$ 一批自检，20%见证）	D17 第4.8.5条	土工布、土工袋、土工膜、土工排水板等土工合成材料品种、规格、质量或性能指标不符合相关标准规定；自检或见证频率不足；检验项目不全	—	—	责令改正

续上表

序号	检查环节	检查内容和方法	检查依据	常见问题或情形	定性	处理依据	处理措施
5	普通填料（基床以下路堤、桩间土）	查填料复查试验	D17 第4.1.1条	施工单位施工前未对设计区土场的路基填料进行取样复查试验	—	—	责令改正
		1. 现场观察、抽检； 2. 查填料进货台账、进场检验资料（注：填料 $10000m^3$ 自检1次，含水率每工班不少于2次，监理10%平检）	D17 第4.1.4条～第4.1.7条	1. 最大粒径大于75mm，大于标准要求最大粒径含量较多，未配备破碎设备，或拆分设备风格设置大于粒径规格尺寸； 2. 最大密度（第4.1.5条）、含水率（第4.1.6条）、颗粒级配最大粒径（第4.1.4条），不符合设计要求； 3. 未按规定抽检验证渗水填料的渗透系数（第4.1.7条）； 4. 自检或品检频率不足，检验项目不全（第4.1.4条～4.1.7条）	未对建筑材料进行检验	B02 第六十五条	责令改正，罚款
6	普通填料（基床底层）	同上	D17 第4.1.4条～第4.1.7条	最大粒径大于60mm，其余同上	未对建筑材料进行检验	B02 第六十五条	责令改正，罚款

续上表

序号	检查环节	检查内容和方法	检查依据	常见问题或情形	定性	处理依据	处理措施
7	物理改良土填料	同上	D17 第4.2.2条	生产前未进行配合比试验	未对建筑材料进行检验	B02 第六十五条	责令改正，罚款
	化学改良土填料	1. 现场观察、抽检； 2. 查填料进货台账、进场检验资料	D17 第4.3.2条、第4.3.5条、第4.3.8条	1. 未按设计的掺灰量验证改良土的无侧限抗压强度； 2. 基床以下部位化学改良土，7d饱和无侧限抗压强度小于250kPa，基数小于350kPa； 3. 化学改良土外掺料与原土料拌和不均匀，粒径大于15mm的土块和未消解石灰颗粒占比较大			
8	基床表层、过渡段填料	1. 现场观察、抽检； 2. 查填料进货台账、进场检验资料； 3. 检验以下项目： （1）粒径大于1.7mm颗粒的洛杉矶磨耗率≤30%； （2）硫酸钠溶液浸泡损失率≤6%； （3）径粒小于0.5mm的细颗粒的液限≤25%； （4）塑性指数<6； （5）不平均系数； （6）颗粒质量百分率； （7）水泥剂量； （8）含水率	D17 第4.4.3条～第4.4.5条、第4.4.7条、第4.4.8条	1. 级配碎石原料质量不满足要求； 2. 基床表层级配碎石种类、质量不符合设计要求； 3. 碎石颗粒中针状和片状碎石含量超过20%； 4. 出厂时的含水率超过工艺试验确定的出厂含水率范围； 5. 出场前未检验最大干密度	使用不合格的建筑材料，降低工程质量	C01 第六十五条、第六十七条	责令改正，罚款；返工、修理等

续上表

序号	检查环节	检查内容和方法	检查依据	常见问题或情形	定性	处理依据	处理措施
9	预制构件	混凝土（钢筋混凝土）预制构件、混凝土预制桩、无砂混凝土渗水板及基础、路桥过渡段台背软式透水管混凝土基础的进场检验、验收资料	D17 第4.11.1条~第4.11.3条	1. 混凝土预制构件原材料不符合设计要求，进场抽样检验次数不足，监理单位平行检验、见证检验次数不足； 2. 混凝土预制构件的种类、规格、质量不符合设计要求； 3. 无砂混凝土渗水板、台背软式透水管混凝土基础预制种类、规格、质量不符合设计要求	使用不合格的建筑构配件，未对建筑构配件进行检验	C01 第六十五条~第六十七条	责令改正，罚款

地基处理监督检查事项

表3-3

序号	检查环节	检查内容和方法	检查依据	常见问题或情形	定性	处理依据	处理措施
1	原地面处理	1. 查地基地质资料与设计文件核查资料； 2. 查地面表层植被、草皮、树根等杂物清除、地面积水情况； 3. 检验批资料、施工日志、施工图纸、监理检验报告	D17 第5.1.3条~第5.1.5条	1. 未对地基的地质资料进行核查； 2. 原地面未按设计、验标处理，监理未按规定检验； 3. 处理后不平整、有积水，地面横坡不满足设计要求，或监理未按规定检验	未按工程设计图纸或施工技术标准施工，将不合格工程按合格签字	C01 第六十五条、第六十七条	责令改正，罚款等

续上表

序号	检查环节	检查内容和方法	检查依据	常见问题或情形	定性	处理依据	处理措施
2	换填	查工艺参数、填料质量、换填质量	D17 第5.2.4条~第5.2.7条	基底地质条件和地基承载力与设计要求不符	使用不合格的建筑材料	C01 第六十五条	责令改正，罚款等
				填料种类、质量、及性能不符合设计要求			
				换填范围、深度不符合设计要求	偷工减料，降低工程质量		
				换填分层压实质量不符合设计要求	未按工程设计图纸或施工技术标准施工		
3	垫层	1. 查压实工艺性试验开展情况； 2. 查砂料、碎石(砂砾石)土工合成材料的品种、规格、材质	D17 第5.3.5条~第5.3.11条	垫层材料不符合设计要求	使用不合格的建筑材料	C01 第六十五条、第六十七条	责令改正，罚款；返工、修理等
				垫层铺设位置、范围、厚度不满足设计要求	偷工减料，降低工程质量		
				垫层压实质量不符合设计要求	未按工程设计图纸或施工技术标准施工		
4	强夯(重锤夯实)	1. 查工艺性试验报告； 2. 查夯点布置、处理范围情况	D17 第5.4.1条、第5.4.3条、第5.4.4条	1. 未进行工艺性试夯试验； 2. 强夯场地与建筑物间未按设计采取隔振或防震措施； 3. 处理范围、夯点布置、夯沉量、强夯效果不满足设计要求	未按工程设计图纸或施工技术标准施工	C01 第六十五条、第六十七条	责令改正，罚款
5	袋装砂井	1. 查沙袋和砂的品种、规格、质量及性能； 2. 查处理范围、布设形式、数量	D17 第5.5.4条~第5.5.7条	1. 沙袋和砂的品种、规格、质量及性能不符合设计要求； 2. 砂井的处理范围、布设形式、数量不符合设计要求； 3. 袋装砂井的直径和打入深度不符合设计要求	使用不合格的建筑材料，未按工程设计图纸或施工技术标准施工	C01 第六十五条、第六十七条	责令改正，罚款

续上表

序号	检查环节	检查内容和方法	检查依据	常见问题或情形	定性	处理依据	处理措施
6	塑料排水板	1. 查塑料排水板的品种、规格、质量及性能； 2. 查处理范围、布设形式、数量情况	D17 第5.6.4条～第5.6.6条	1. 塑料排水板品种、规格、质量及性能不符合设计要求； 2. 处理范围、布设形式、数量不符合设计要求； 3. 插设深度不满足设计要求	使用不合格的建筑材料、未按工程设计图纸或施工技术标准施工	C01 第六十五条、第六十七条	责令改正，罚款；返工、修理等
7	真空预压	1. 查观测点和观测频率； 2. 查密封膜和排水滤管的品种、规格、质量及性能； 3. 查密封膜的布设和层数； 4. 查地基沉降和侧向位移	D17 第5.7.2条、第5.7.4条～第5.7.12条	1. 未按设计要求设置观测点，或观测频次不符合设计要求； 2. 未进行变形观测评估，没有卸载评估报告，未按评估报告确定卸载时间卸载； 3. 密封膜品种、规格、质量、性能不符合设计要求； 4. 排水滤管的布设位置、形式及数量、管上滤水孔、滤水材料包裹形式及滤水管之间连接不符合设计要求； 5. 密封膜铺设不符合验标要求，密封膜铺设范围、铺设层数不符合设计要求； 6. 抽气阶段膜下真空度不符合设计要求； 7. 地基沉降和侧向位移不符合实际要求； 8. 真空预压的卸载时间不符合实际要求和变形观测评估技术条件	使用不合格的建筑材料、未按工程设计图纸或施工技术标准施工	C01 第六十五条、第六十七条	责令改正，罚款；返工、修理等

续上表

序号	检查环节	检查内容和方法	检查依据	常见问题或情形	定性	处理依据	处理措施
8	堆载预压	1. 查填筑过程中沉降与侧向位移观测记录； 2. 查堆载预压土的范围、高度和密度资料	D17 第5.8.5条	沉降与侧向位移观测不符合验标要求；填筑速率不符合设计要求	未按工程设计图纸或施工技术标准施工	C01 第六十五条、第六十七条	责令改正，罚款等
			D17 第5.8.6条	堆载预压土的范围、高度和密度不符合设计要求	偷工减料，降低工程质量		
			D17 第5.8.7条	堆载预压土的卸载时间未满足设计要求和变形观测评估技术条件，而进行卸载	未按工程设计图纸或施工技术标准施工		
9	桩基（砂桩、碎石桩、挤密桩、搅拌桩、旋喷桩、素混凝土桩、混凝土预制桩、钢筋混凝土灌注桩）	1. 对照施工图检查图纸、施工日志、检验批资料； 2. 查施工单位工艺试验报告和审批程序，查工程桩检测和复合地基承载力检测	D17 第5.9.1条～第5.9.10条、第5.11.1条～第5.16.13条	未进行工艺性试验。监理单位、勘察设计单位未参加工艺性试桩，并未确认试验结论	未按工程设计图纸或施工技术标准施工	C01 第六十五条、第六十七条	责令改正，罚款等
				桩基处理范围、布桩形式、数量不符合设计要求	偷工减料，降低工程质量		
				未按设计要求进行工程桩检测和复合地基承载力检测	未按工程设计图纸或施工技术标准施工		

续上表

序号	检查环节	检查内容和方法	检查依据	常见问题或情形	定性	处理依据	处理措施
10	强夯置换	查工艺性试夯试验、检验批资料、施工日志、施工图纸、监理平检记录	D17 第5.10.4条、第5.10.6条~第5.10.8条	1. 所用填料的品种、规格、质量不符合设计要求； 2. 总夯沉量或最后两击平均夯沉量不满足设计或工艺试验的参数结果要求； 3. 碎石墩的长度、墩身密实度不满足设计要求； 4. 碎石墩单墩承载力不满足设计要求	未按工程设计图纸或施工技术标准施工	C01 第六十五条、第六十七条	责令改正，罚款等
11	桩帽、筏板、托梁和承载板	1. 查看桩帽基坑底部； 2. 查桩顶嵌入桩帽长度； 3. 查桩帽混凝土强度	D17 第5.17.5条、第5.19.9条	1. 桩帽基坑底不平整、有积水、浮土、杂物等，桩顶嵌入桩帽长度不足； 2. 混凝土强度不符合设计要求； 3. 沉降缝（伸缩缝）所用材料的品种、规格、质量及性能不符合设计要求	未按工程设计图纸或施工技术标准施工	C01 第六十五条、第六十七条	责令改正，罚款等
12	岩溶和洞穴处理	1. 查相关资料进场检验； 2. 查处理方法及其技术要求	D17 第5.20.9条~第5.20.17条	所用材料不符合设计要求	未按工程设计图纸或施工技术标准施工	C01 第六十五条、第六十七条	责令改正，罚款等
				处理方法、范围不符合设计要求	偷工减料，降低工程质量		

基床以下路堤监督检查事项

表 3-4

序号	检查环节	检查内容和方法	检查依据	常见问题或情形	定性	处理依据	处理措施
1	路基填筑、路堤沉降观测	1. 查填筑试验段工艺试验报告、摊铺压实工艺参数和审批程序,沉降观测方案及审批; 2. 查施工日志,沉降观测原始记录及数据整理、分析应用; 3. 查压实指标检测、按设计要求埋设沉降观测设备情况; 4. 查监理旁站记录、监理对沉降观测的复测情况	D17 第 6.1.1 条~第 6.3.3 条	1. 开工前未按照不同填料在工程现场选取有代表性的地段做试验段,进行摊铺压实工艺试验,确定施工工艺参数; 2. 未对填料进行抽样检验,压实质量不满足设计、验标要求; 3. 未按方案进行埋设观测设备、实施沉降观测及数据分析应用; 4. 监理单位未按规定对试验段工艺性报告、沉降观测方案、数据分析应用进行审查、审批和过程监控	未按工程设计图纸或施工技术标准施工,未对建筑材料进行检验	C01 第六十五条~第六十七条	责令改正,罚款;返工、修理等
2	普通填料和物理改良土	查工艺性试验报告、工艺参数、方案及审批、检验批资料	D17 第 6.2.1 条、第 6.2.3 条	填料种类、质量、压实标准不符合设计要求	未按工程设计图纸或施工技术标准施工	C01 第六十五条、第六十七条	责令改正,罚款;返工、修理等
			D17 第 6.2.2 条	摊铺厚度、碾压遍数未按照工艺性试验确定的并经监理工程师批准的参数进行控制	偷工减料,降低工程质量	C01 第六十五条、第六十七条	

续上表

序号	检查环节	检查内容和方法	检查依据	常见问题或情形	定性	处理依据	处理措施
3	化学改良土填筑	1. 查工艺性试验报告、工艺参数、方案及审批； 2. 查改良土原材料出厂检测资料、压实记录、检验批资料； 3. 查填筑现场平整度、压实指标，必要时破检	D17 第6.3.1条～第6.3.3条	1. 开工前未做工艺性试验，确定施工工艺参数； 2. 未按设计和验标要求进行原材料检验、工序检查和验收，改良土原材料、外掺料未复检，化学改良土未按照验标要求做饱和无侧限抗压强度等检测； 3. 现场拌和不均匀，改良效果差，不符合规定	未按工程设计图纸或施工技术标准施工，未对建筑材料进行检验	C01 第六十五条、第六十六条	责令改正，罚款；返工、修理等
4	加筋土填筑	查填筑材料进场检测和验收记录；检查加筋土填筑检验批验收记录	D17 第6.4.1条～第6.4.5条	1. 开工前未按照不同填料在工程现场选取有代表性的地段作试验段，进行摊铺压实工艺试验，确定施工工艺参数； 2. 未对填料进行抽样检验，压实质量不满足设计、验标要求； 3. 加筋材料的铺设位置、层数、方向及连接方法不符合设计要求； 4. 监理单位未按规定对试验段工艺性报告、沉降观测方案、数据分析应用进行审查、审批和过程监控，未按规定进行平检和见证检验	未按工程设计图纸或施工技术标准施工，未对建筑材料进行检验	C01 第六十五条～第六十七条	责令改正，罚款；返工、修理等

续上表

序号	检查环节	检查内容和方法	检查依据	常见问题或情形	定性	处理依据	处理措施
5	路堤边坡成型	查路堤边坡成型检验批记录	D17 第6.5.1条	路堤边坡不平顺、不密实、不稳固，坡度不符合设计要求，偏陡量大于设计值的3%	未按工程设计图纸或施工技术标准施工	C01 第六十五条、第六十七条	责令改正，罚款

基床表层以下过渡段监督检查事项

表3-5

序号	检查环节	检查内容和方法	检查依据	常见问题或情形	定性	处理依据	处理措施
1	过渡段基底处理	1. 查与桥台、横向结构物、相邻路堤、相邻隧道的基底处理； 2. 查原地面处理压实后动态变形模量试验报告； 3. 查平整度、压实指标，必要时破检	D17 第7.1.1条	未按设计要求与相邻结构物路堤的基底处理同时进行，未按设计要求做好地面排水	未按施工技术标准施工	C01 第六十五条	责令改正，罚款等
			D17 第7.1.4条	原地面处理压实后不符合验标或者设计要求			
2	基坑回填	查基坑回填检验批资料：基底验收、填料品种规格质量、压实质量	D17 第7.2.1条～第7.2.6条	基底未验收；填料品种规格质量不符合设计要求；压实质量不满足验标要求	未按施工技术标准施工	C01 第六十五条	责令改正，罚款等
3	基床表层以下过渡段填层及椎体填土	1. 查填筑压实工艺性试验； 2. 查填料种类、质量及性能； 3. 查压实质量	D17 第7.3.1条、第7.3.4条、第7.3.7条	1. 无填筑压实工艺性试验方案及总结，未按工艺性试验确定并批准的参数进行摊铺和碾压； 2. 填料种类、质量及性能不符合设计要求； 3. 压实质量不符合验标要求	未按施工技术标准施工，使用不合格的建筑材料	C01 第六十五条、第六十六条	责令改正，罚款等

续上表

序号	检查环节	检查内容和方法	检查依据	常见问题或情形	定性	处理依据	处理措施
4	路堤与路堑过渡段基床表层以下填层	1. 查填筑压实工艺性试验； 2. 查填料种类、质量及性能； 3. 查压实质量	D17 第7.4.1条、 第7.4.4条、 第7.4.8条	1. 无填筑压实工艺性试验方案及总结，未按工艺性试验确定并批准的参数进行摊铺和碾压； 2. 填料种类、质量及性能不符合设计要求； 3. 压实质量不符合验标要求	未按施工技术标准施工，使用不合格的建筑材料	—	责令改正
5	过渡段混凝土填层	1. 查基底地质资料核对情况； 2. 查施工记录、监理记录	D17 第7.5.2条、 第7.5.5条	1. 基底地质条件不符合设计要求； 2. 过渡段混凝土表面不密实、不平整，有孔洞、疏松等现象	未按施工技术标准施工	C01 第六十五条、 第六十七条	责令改正，罚款等

路堑监督检查事项

表 3-6

序号	检查环节	检查内容和方法	检查依据	常见问题或情形	定性	处理依据	处理措施
1	路堑	1. 查爆破方案设计、路堑开挖工艺，及膨胀土、黄土路堑的施工要求； 2. 查技术交底、施工日志、监理记录等； 3. 查现场临时防排水、开挖防护	D17 第 8.0.2 条～第 8.0.4 条	1. 路堑开挖未自上而下纵向、水平分层开挖，有掏底开挖现象，且局部坍塌或者安全隐患； 2. 基床换填、边坡防护封闭未与开挖紧密衔接；不能紧跟开挖防护时，未预留保护层；多级边坡未开挖一级验收一级，上级边坡未验收，下级路堑边坡已开挖施工； 3. 监理单位未对爆破设计方案、开挖工艺进行审查、审批和现场监控	未按工程设计图纸或施工技术标准施工，未对建筑材料进行检验	C01 第六十五条～第六十七条	责令改正，罚款等

基床监督检查事项

表 3-7

序号	检查环节	检查内容和方法	检查依据	常见问题或情形	定性	处理依据	处理措施
1	（基床底层、基床表层）填筑	1. 查填筑试验段工艺试验报告和审批程序； 2. 查施工日志、检验批、填料试验报告、监理记录； 3. 现场检查、观察，查压实、板结质量、平整度、压实指标，必要时破检	D17 第 9.1.1 条～第 9.2.1 条	1. 大面积施工前未做试验段进行摊铺压实工艺试验，未确定施工工艺参数； 2. 试验段工艺性报告未报监理单位确认； 3. 填料种类、规格不符合设计、验标要求，未检测填料或检验频次不足	未按工程设计图纸或施工技术标准施工，未对建筑材料进行检验	C01 第六十五条～第六十七条	责令改正，罚款，返工、修理等
2	（基床表层）级配碎石	1. 查级配碎石配合比、试验报告； 2. 查存料场、现场拌和及计量情况	D17 第 9.2.5 条～第 9.2.9 条	1. 级配碎石无检验合格资料； 2. 未经拌和站专业生产，原材料质量差； 3. 施工单位未按规定进行抽检	使用不合格的建筑材料	C01 第六十五条、第六十七条	责令改正，罚款

路基支挡工程监督检查事项

表 3-8

序号	检查环节	检查内容和方法	检查依据	常见问题或情形	定性	处理依据	处理措施
1	重力式挡土墙、悬臂式挡土墙和扶壁式挡土墙	1. 查基础底部岩层性质的核对情况，首段基坑的地基承载力经设计、施工、监理三方共同检验情况； 2. 查基坑开挖情况； 3. 查墙体施作情况； 4. 查沉降缝、反滤层及泄水孔施作情况	D17 第 10.1.1 条～第 10.1.5 条、第 10.1.13 条、第 10.1.17 条～第 10.1.19 条、第 10.2.1 条～第 10.2.5 条、第 10.2.10 条、第 10.2.13 条～第 10.2.15 条	1. 首段挡土墙基底施工未经设计、施工、监理三方共同检验合格已进入下道工序施工； 2. 基坑开挖未采取临时支护措施； 3. 钢筋保护层垫块位置和数量不符合设计要求； 4. 沉降缝、反滤层及泄水孔施作不符合验标要求	未按工程设计图纸或施工技术标准施工	C01 第六十五条、第六十七条	责令改正，罚款；返工、修理等
2	锚杆挡土墙	1. 查基础底部岩层性质的核对情况，首段基坑的地基承载力经设计、施工、监理三方共同检验情况，锚杆拉拔试验情况； 2. 查基坑开挖情况； 3. 查锚杆施作情况； 4. 查沉降缝、反滤层及泄水孔施作情况	D17 第 10.3.1 条～第 10.3.19 条	1. 首段挡土墙基底施工未经设计、施工、监理三方共同检验合格已进入下道工序施工；锚杆未进行拉拔试验； 2. 基坑开挖未采取临时支护措施； 3. 锚杆施工不符合设计要求； 4. 沉降缝、反滤层及泄水孔施作不符合验标要求	未按工程设计图纸或施工技术标准施工	C01 第六十五条、第六十七条	责令改正，罚款；返工、修理等

续上表

序号	检查环节	检查内容和方法	检查依据	常见问题或情形	定性	处理依据	处理措施
3	加筋土挡土墙	1 查基坑开挖情况; 2. 查锚杆施作情况; 3. 查沉降缝、反滤层及泄水孔施作情况	D17 第10.4.1条~第10.4.5条、第10.4.8条、第10.4.12条、第10.4.14条~第10.4.21条、第10.4.23条	1. 包裹式挡土墙面墙没有在加筋土体沉降变形稳定后施工; 2. 基坑开挖不符合验标及设计要求; 3. 墙面板钢筋保护层垫块位置和数量不符合设计要求; 4. 沉降缝、反滤层及泄水孔施作不符合验标要求; 5. 墙顶封闭层施工不符合设计要求	未按工程设计图纸或施工技术标准施工	C01 第六十五条、第六十七条	责令改正,罚款;返工、修理等
4	土钉墙	1. 查土钉墙开挖; 2. 查注浆工艺试验、土钉抗拉拔试验、混凝土喷射试验和喷射顺序; 3. 查坡脚墙沉降缝(伸缩缝)、坡脚墙后反滤层施工; 4. 查挂网施工	D17 第10.5.1条~第10.5.5条、第10.5.10条、第10.5.11条、第10.5.16条	1. 没有按照“自上而下,分层开挖,分层锚固,分层喷护”的原则组织施工; 2. 没有进行注浆工艺试验、土钉抗拉拔试验、混凝土喷射试验,或没有按照相关参数施工; 3. 坡脚墙沉降缝及墙后反滤层施工不符合设计要求; 4. 挂网施工不符合设计要求	未按工程设计图纸或施工技术标准施工	C01 第六十五条、第六十七条	责令改正,罚款;返工、修理等

续上表

序号	检查环节	检查内容和方法	检查依据	常见问题或情形	定性	处理依据	处理措施
5	抗滑桩（锚固桩）	1. 查桩孔开挖及护壁施工； 2. 确认孔底部岩土层性质； 3. 查桩孔护壁、抗滑桩（锚固桩）钢筋骨架施工，钢筋保护层情况	D17 第10.6.1条~第10.6.5条 第10.6.8条~第10.6.11条	1. 桩孔开挖没有自原地面开挖，没有及时支护； 2. 设计单位没有确认首根桩孔底部的岩土层性质； 3. 钢筋骨架、钢筋保护层、钢筋接头施作不符合设计要求	未按工程设计图纸或施工技术标准施工	C01 第六十五条、第六十七条	责令改正，罚款；返工、修理等
6	预应力锚索	查技术交底、施工日志、监理记录、试验报告	D17 第10.7.1条~第10.7.17条	未做锚固试验；锚索张拉不符合设计要求；浆体强度不符合设计要求	未按工程设计图纸或施工技术标准施工	C01 第六十五条、第六十七条	责令改正，罚款；返工、修理等
7	桩板式挡土墙	1. 查墙后填土； 2. 桩检查内容参照锚固桩； 3. 查挡土板与锚固桩的连接	D17 第10.8.3条、第10.8.5条、第10.8.6条、第10.8.10条	1. 墙后填土时锚固桩混凝土强度没有达到设计的100%，或填土未分层压实致压实质量不符合设计要求； 2. 设计单位没有确认首根桩孔底部的岩土层性质； 3. 钢筋骨架、钢筋保护层、钢筋接头施作不符合设计要求； 4. 挡土板与锚固桩的连接不符合设计要求	未按工程设计图纸或施工技术标准施工	C01 第六十五条、第六十七条	责令改正，罚款；返工、修理等

路基边坡防护监督检查事项

表 3-9

序号	检查环节	检查内容和方法	检查依据	常见问题或情形	定性	处理依据	处理措施
1	一般规定	1. 查路堑边坡防护； 2. 查基坑开挖	D17 第 11.1.1 条、 第 11.1.8 条	1. 路堑防护与施工不同步； 2. 基坑开挖未采取临时防护，开挖较深时，没有采取分段跳槽开挖措施，且不及时浇筑基础封闭	—	—	—
2	绿色防护	尺量几何尺寸，检查检验批资料	D17 第 11.2.1 条～ 第 11.2.13 条	绿色防护的种类、质量不符合设计要求；材料的品种、规格、质量不符合设计要求；喷混植生厚度不满足设计要求	未按工程设计图纸或施工技术标准施工，偷工减料	C01 第六十五条、 第六十七条	责令改正，罚款，返工、修理等
3	骨架护坡	1. 查骨架几何尺寸、现浇或混凝土预制件质量，沉降缝、伸缩缝、步梯设置情况； 2. 查技术交底、施工记录、检验批、监理记录、检测报告	D17 第 11.3.1 条～ 第 11.3.9 条	1. 骨架护坡镶边、截水缘与骨架连接、骨架几何尺寸等不符合设计要求； 2. 沉降缝、伸缩缝的设置、缝宽与缝的塞封不符合设计要求	未按工程设计图纸或施工技术标准施工	C01 第六十五条、 第六十七条	责令改正，罚款；返工、修理等

续上表

序号	检查环节	检查内容和方法	检查依据	常见问题或情形	定性	处理依据	处理措施
4	孔窗式护墙（坡）	1. 查几何尺寸； 2. 查反滤层、泄水孔； 3. 查沉降缝	D17 第 11.4.5 条、第 11.4.7 条、第 11.4.8 条	1. 孔窗式护墙（坡）基础埋深不符合设计要求； 2. 反滤层、泄水孔所用材料品种、规格、尺寸及性能不符合设计要求； 3. 沉降缝所用材料品种、规格、尺寸及性能不符合设计要求	未按工程设计图纸或施工技术标准施工	C01 第六十五条、第六十七条	责令改正，罚款；返工、修理等
5	实体护坡（墙）和喷射混凝土护坡	1. 查几何尺寸； 2. 查挂网喷浆（喷锚）网片； 3. 查反滤层、泄水孔； 4. 查沉降缝	D17 第 11.5.7 条、第 11.5.10 条～第 11.5.14 条	1. 实体护坡（墙）基础埋深不符合设计要求； 2. 反滤层、泄水孔所用材料品种、规格、尺寸及性能不符合设计要求； 3. 沉降缝所用材料品种、规格、尺寸及性能不符合设计要求	未按工程设计图纸或施工技术标准施工	C01 第六十五条、第六十七条	责令改正，罚款；返工、修理等
6	锚杆（锚索）框架梁	1. 查骨架几何尺寸、现浇或混凝土预制件质量，沉降缝、伸缩缝、步梯设置情况； 2. 查技术交底、施工记录、检验批、监理记录、检测报告	D17 第 11.6.1 条～第 11.6.10 条	材料的品种、规格、质量不符合设计要求；混凝土强度、沉降缝（伸缩缝）施工不符合设计要求；锚杆施工不符合设计要求	未按工程设计图纸或施工技术标准施工	C01 第六十五条、第六十七条	责令改正，罚款；返工、修理等

续上表

序号	检查环节	检查内容和方法	检查依据	常见问题或情形	定性	处理依据	处理措施
7	柔性防护网	1. 查锚杆孔布置形式； 2. 查主动防护网支撑绳与锚杆的张拉、锁定工艺； 3. 查主动防护网钢丝格栅间搭叠宽度、缝合方式、钢丝格栅与支撑绳间的绑扎点间距； 4. 查主动防护钢丝绳网与支撑绳或相邻钢丝绳网的连接方式； 5. 查被动防护网钢柱与基座、拉锚绳的固定方式，钢柱安装后的倾角、消能环与钢柱的距离	D17 第 11.7.1 条～第 11.7.11 条	主被动防护网的施作不符合设计要求	未按工程设计图纸或施工技术标准施工	C01 第六十五条、第六十七条	责令改正，罚款；返工、修理等

路基防排水监督检查事项

表 3-10

序号	检查环节	检查内容和方法	检查依据	常见问题或情形	定性	处理依据	处理措施
1	排水系统施工	1. 查技术交底、施工记录、检验批、监理记录； 2. 查排水系统与地方既有排水系统衔接情况； 3. 查水沟截面尺寸、水沟砌筑质量	D17 第 12.1.6 条～第 12.6.8 条	1. 表面防排水施工不符合设计要求； 2. 地面排水施工不符合设计要求； 3. 地下排水施工不符合设计要求； 4. 横向排水施工不符合设计要求； 5. 路堑坡体排水施工不符合设计要求	未按工程设计图纸或施工技术标准施工	C01 第六十五条、第六十七条	责令改正，罚款等

路基相关工程及设施监督检查事项

表 3-11

序号	检查环节	检查内容和方法	检查依据	常见问题或情形	定性	处理依据	处理措施
1	电缆槽(井)	查技术交底、施工记录、检验批、监理记录	D17 第 13.1.5 条、 第 13.1.11 条	基坑底部压实质量、泄水孔施工不符合设计要求	未按工程设计图纸或施工技术标准施工	C01 第六十五条、 第六十七条	责令改正,罚款等
2	接触网支柱基础	查技术交底、施工记录、检验批、监理记录	D17 第 13.2.3 条、 第 13.2.7 条	1. 浇筑前未预埋接地端子; 2. 综合接地系统及其连接方式不符合设计要求	未按工程设计图纸或施工技术标准施工	C01 第六十五条、 第六十七条	责令改正,罚款等
3	声屏障基础	1. 查技术交底、施工记录、检验批、监理记录; 2. 查工艺试验方案及总结	D17 第 13.3.2 条、 第 13.3.3 条	1. 基础锚杆未进行工艺试验; 2. 浇筑前未按要求预埋接地端子	未按施工技术标准施工	C01 第六十五条、 第六十七条	责令改正,罚款等
4	预埋管线和综合接地	查预埋管线和综合接地	D17 第 13.4.4 条、 第 13.4.5 条	1. 过轨预埋管、综合接地贯通地线及分支接引线所用材料不符合设计要求; 2. 过轨管预埋管道接长的接头质量、管道弯曲角度不符合设计要求	未按工程设计图纸或施工技术标准施工,使用不合格的建筑构配件	C01 第六十五条、 第六十七条	责令改正,罚款等

续上表

序号	检查环节	检查内容和方法	检查依据	常见问题或情形	定性	处理依据	处理措施
5	检查设备	查检查设备	D17 第13.5.5条～第13.5.8条	1. 检查井位置、断面尺寸不符合设计要求； 2. 检查井井身、井盖所用混凝土品种、规格、质量不符合设计要求； 3. 栏杆杆件及零件所用材料品种、规格、质量不符合设计要求； 4. 堑顶维修检查通道的设置类型、结构形式、布置位置、通道宽度不符合设计要求	未按工程设计图纸或施工技术标准施工，使用不合格的建筑材料、构配件	C01 第六十五条、第六十七条	责令改正，罚款等
6	防护栅栏	查防护栅栏	D17 第13.6.5条～第13.6.10条	1. 立柱基坑尺寸不满足设计及安装要求； 2. 防护栅栏所用预制构件的种类、规格、质量不符合设计要求； 3. 防护栅栏安装后未按设计要求填塞上下槛与栏片间的缝隙和柱帽上的螺栓孔； 4. 防护栅栏高度、栅栏下槛底面距地面距离不符合设计要求	未按工程设计图纸或施工技术标准施工，使用不合格的建筑构配件	C01 第六十五条、第六十七条	责令改正，罚款等

续上表

序号	检查环节	检查内容和方法	检查依据	常见问题或情形	定性	处理依据	处理措施
7	取(弃)土场	查看设计图纸、技术交底、检验批资料、施工记录、监理记录	D17 第13.9.4条~第13.9.8条	1. 取(弃)土场位置、取(弃)土深(高)度不符合设计要求; 2. 边坡坡度不符合设计要求; 3. 取(弃)土场支挡、防护及排水施工不符合设计要求	未按工程设计图纸或施工技术标准施工	C01 第六十五条、第六十七条	责令改正,罚款等

变形观测监督检查事项

表 3-12

序号	检查环节	检查内容和方法	检查依据	常见问题或情形	定性	处理依据	处理措施
1	变形观测	1. 查变形观测及系统评估资料; 2. 查沉降、位移观测装置; 3. 查施工记录、监理记录	D17 第14.0.3条、第14.0.13条、第14.0.14条	1. 观测期未超过6个月,轨道施工前未对路基沉降变形进行系统评估; 2. 沉降、位移观测装置不符合设计要求; 3. 观测断面及每一断面观测点数量不符合设计要求	未按施工技术标准施工	C01 第六十五条、第六十七条	责令改正,罚款等

第四章
轨道工程质量监督检查

本章介绍轨道工程质量监督检查的主要内容。轨道工程质量监督检查主要包括总则及基本规定、原材料及轨道主要部件进场验收、CRTS Ⅰ型板式无砟道床、CRTS Ⅱ型板式无砟道床、CRTS Ⅲ型板式无砟道床、CRTS 双块式无砟道床、道岔区轨枕埋入式无砟轨道、有砟道床、有砟道岔、钢轨伸缩调节器及无缝线路等。

一、主要检查内容

总则及基本规定主要检查质量管理体系和制度、产品准入、建设程序、轨道施工前的交验工作、隐蔽工程、分项工程和检验批的划分、无砟道床首件评估、质量验收程序等。

原材料及轨道主要部件进场验收主要检查预制混凝土轨道板(枕)、道砟、长钢轨、扣件及钢轨联结件、道岔、无砟轨道用其他原材料及成品等。

CRTS Ⅰ型板式无砟道床主要检查混凝土底座及凸形挡台、轨道板铺设、水泥乳化沥青砂浆填充层、凸形挡台填充树脂等。

CRTS Ⅱ型板式无砟道床主要检查支撑层、桥上滑动层及高强度挤塑板、桥上混凝土底座板、台后锚固结构、轨道板铺设、水泥乳化沥青砂浆填充层、轨道板纵向连接及灌浆孔封堵、侧向挡块、轨道板锚固连接等。

CRTS Ⅲ型板式无砟道床主要检查混凝土底座及限位凹槽、隔离层及弹性垫层、自密实混凝土层等。

CRTS 双块式无砟道床主要检查双块式无砟道床、轨排组装、固定等。

道岔区轨枕埋入式无砟轨道主要检查混凝土道床板、道岔区板式无砟轨道、道岔钢轨件安装、道岔钢轨焊接等;有砟道床主要检查铺轨前铺砟、分层上砟整道等;有砟道岔主要检查铺岔前预铺道砟、道岔铺设等;钢轨伸缩调节器主要检查无砟轨道钢轨伸缩调节器等;无缝线路主要检查工地钢轨焊接、无缝线路应力放散与锁定等。

二、主要质量问题及控制措施

(1)无砟轨道施工前置条件不满足要求,CP Ⅲ精测网测量报告、线下工程沉降变形观测报告未经书面评估通过,现场已开始无砟轨道施工;评估区段内部分段落观测点缺失或无观测数据,评估结论不确定。沉降观测装置缺失、损坏,观测频次不足,观测数据失真。

控制措施:

①轨道工程施工前,线下主体工程应全部完工,检验合格。对相关接口工程进行验收,符合要求后方可进行轨道工程施工。

②轨道工程施工前,建设单位组织勘察设计单位、线下工程施工单位向轨道施工单位提交控制网资料、线下构筑物竣工测量资料、桩橛及与轨道工程有关的变更设计、线下工程施工质量验收资料等。

③建设单位组织勘察设计单位会同施工单位对 CPⅠ、CPⅡ及高程控制网进行复测。

(2)CRTSⅢ型板式无砟道床轨道板精调完成后未尽快进行自密实混凝土灌注;间隔很长时间后,未重新复测或调整轨道板;限位凹槽外形尺寸超过允许偏差;自密实混凝土拌合物的坍落拓展度、扩展时间 T_{500}、含气量和泌水率不符合验标规定。

控制措施:

①轨道板精调完成后应尽快进行自密实混凝土灌注。当时间间隔过长,或环境温度变化超过 15℃,或受到使轨道板形位发生变化的外部条件影响时,应重新复测或调整轨道板。

②自密实混凝土施工前应依据原材料、气候及实际情况等进行线下工艺性试验,通过后方可进行自密实混凝土施工。自密实混凝土灌注前,应检查确认轨道板的形位符合要求,模板密封及轨道板固定装置安全可靠,底座凹槽无积水,符合要求后方可进行灌注。

(3)双块式无砟道床轨枕运输和现场存放不满足要求,钢筋桁架变形严重;支承层横向切缝时间滞后、切缝深度和宽度不满足要求;道床板内钢筋间距、保护层厚度、综合接地钢筋焊接质量及焊缝长度、接地端子与模板的密贴不满足要求;曲线地段侧向约束装置设置不到位;混凝土养护措施不到位,道床开裂情况较多。

控制措施:

①轨排固定装置应有足够的强度、刚度和稳定性,其材料质量及结构应符合施工工艺设计要求。固定装置应安装牢固,确保混凝土浇筑时轨排不发生移位和变形。

②支承层横向切缝间距宜为 5m,且与线下构筑物结构缝对齐,切缝宽度宜为 3~5mm,缝深不应小于支承层厚度的 1/3。

③混凝土到达施工现场后,应确认混凝土强度等级、配合比等符合设计及相关要求。

④混凝土的强度等级应符合设计要求。同一配合比每班次应取样 1 次制作试件。检验方法:进行抗压强度试验。

三、监督检查事项

轨道工程质量监督检查项点主要有检查环节、检查内容和方法、检查依据、常见问题或情形、定性、处理依据和处理措施,具体内容详见表 4-1~表 4-11。

总则及基本规定

表 4-1

序号	检查环节	检查内容和方法	检查依据	常见问题或情形	定性	处理依据	处理措施
1	质量管理体系和制度	查施工、监理单位质量管理体系和制度，检查建设单位对施工、监理单位质量体系和制度的检查记录	D20 第 1.0.5 条、第 3.1.1 条	1. 未建立质量保证体系； 2. 质量管理体系有漏洞，制度不健全	未按施工技术标准施工	—	责令改正
2	产品准入	查产品检验合格证、产品认证证书等	D20 第 1.0.11 条	采用不符合设计和相关标准规定的轨道部件及材料；特定轨道部件及材料无产品认证证明文件	使用不合格的建筑材料、构配件	C01 第六十五条、第六十六条	责令改正，罚款
3	建设程序	查线下工程验收资料、沉降变形观测评估报告	D20 第 1.0.12 条、第 3.1.8 条	1. 轨道工程施工前未按相关规定对线下构筑物沉降、变形进行系统观测和分析评估； 2. 建设单位未及时组织轨道铺设条件的评估工作，沉降评估不符合要求便开展轨道工程施工	未按施工技术标准施工	C01 第六十五条、第六十七条	责令改正，罚款

续上表

序号	检查环节	检查内容和方法	检查依据	常见问题或情形	定性	处理依据	处理措施
4	轨道施工前的交验工作	1. 查技术交底、施工日志、工序交接记录、监理记录； 2. 查建设单位组织移交、复测及评估资料； 3. 查施工单位对复测发现问题的整改情况； 4. 查 CPⅢ技术方案及审批记录； 5. 查轨道铺设条件评估报告	D20 第 3.1.9 条	1. 轨道工程与线下工程工序接交滞后； 2. 线下工程和相关接口工程未验收便大范围开展轨道工程施工； 3. 建设单位未组织勘察设计单位、线下工程施工单位向轨道施工单位提交控制网资料、线下构筑物竣工测量质量资料、桩橛及与轨道工程有关的变更设计、线下工程施工质量验收资料； 4. 轨道施工前，建设单位未组织勘察设计单位、施工单位对 CPⅠ、CPⅡ及高程控制网进行复测	未按施工技术标准施工	C01 第六十四条、第六十五条、第六十七条	责令改正，罚款
5	隐蔽工程	查隐蔽工程验收记录（影像资料）	D20 第 3.1.3 条	没有留存影像资料或影像资料不符合验收要求	未按工程设计图纸或施工技术标准施工	C01 第六十五条、第六十七条	责令改正，罚款

续上表

序号	检查环节	检查内容和方法	检查依据	常见问题或情形	定性	处理依据	处理措施
6	分项工程和检验批的划分	检查分项工程和检验批的划分方案	D20 第3.2.8条	没有制订划分方案,划分方案未审批、未备案	未按施工技术标准施工	C01 第六十五条、第六十七条	责令改正
7	无砟道床首件评估	查首件评估报告,查试验段或先导段验收评资料	D20 第3.1.10条	1. 未开展无砟道床首件工程评估,已大面积施工无砟道床; 2. 无标准化管理和首件工程的质量记录、资源配置和实体质量检验记录	未按施工技术标准施工	C01 第六十五条、第六十七条	责令改正
8	质量验收程序	查检验批、分项工程、分部工程验收记录	D20 第3.3.1条~第3.3.9条	未按程序组织检验批、分项工程、分部工程的验收	验收程序不规范	B02 第五十八条	责令改正,罚款等

原材料及轨道主要部件进场验收监督检查事项

表 4-2

序号	检查环节	检查内容和方法	检查依据	常见问题或情形	定性	处理依据	处理措施
1	预制混凝土轨道板(枕)	现场检查	D20 第 4.4.2 条	轨道板表面有肉眼可见的裂纹;预埋套管内有混凝土淤块;轨道板板底有浮浆	未按施工技术标准施工,降低工程质量	C01 第六十五条、第六十七条	责令改正,罚款等
			D20 第 4.4.3 条、第 4.4.4 条	双块式轨枕承轨面与挡肩有裂纹;侧面与横断面有平行的裂纹;轨枕桁架钢架位置不正确;外露钢筋有锈蚀掉块;无砟岔枕波纹钢筋有开焊和松脱;预埋套管内有混凝土淤块			
2	道砟	查建场检验证书、生产检验证书、产品合格证、抽检检验报告	D20 第 4.6.1 条 ~ 第 4.6.3 条	1. 道砟品种、级别不符合设计要求和现行《铁路碎石道砟》(TB/T 2140)的规定;材质不符合现行《铁路碎石道砟》(TB/T 2140)的规定; 2. 道砟检验频次不足; 3. 道砟含泥量及片状、针状、大粒径石渣含量超过规范规定的标准(标准规定:道砟针状指数、片状指数均不大于 20%;粒径小于 63mm)	违反技术标准,使用不合格的建筑材料	C01 第六十五条、第六十七条	责令改正,罚款等

续上表

序号	检查环节	检查内容和方法	检查依据	常见问题或情形	定性	处理依据	处理措施
3	长钢轨	查验质量证明文件	D20 第4.7.1条	长钢轨规格、型号、质量及外观不符合设计要求和相关产品标准要求	使用不合格的建筑材料	C01 第六十五条、第六十七条	责令改正,罚款等
4	扣件及钢轨联结件	查验质量证明文件	D20 第4.8.1条	扣件及钢轨联结件的规格、型号、质量及外观不符合设计要求和相关产品标准要求	使用不合格的建筑材料	C01 第六十五条、第六十七条	责令改正,罚款等
5	道岔	查验质量证明文件	D20 第4.9.2条	道岔钢轨件有碰伤、擦伤、掉块、凹陷、硬弯、扭曲等缺陷	使用不合格的建筑材料	C01 第六十五条、第六十七条	责令改正
6	无砟轨道用其他原材料及成品	查材料、产品合格证、出厂检验报告、试验检测报告、货物进场台账	D20 第4.5.1条~第4.5.9条	未按规定的频次抽;检验项目不全;监理单位未进行见证检验	未对建筑材料进行检验	C01 第六十五条、第六十七条	责令改正,罚款等

CRTS I 型板式无砟道床监督检查事项

表 4-3

序号	检查环节	检查内容和方法	检查依据	常见问题或情形	定性	处理依据	处理措施
1	一般规定	1. 查施工、监理单位乳化沥青砂浆施工、试验检验人员上岗培训记录； 2. 查乳化沥青砂浆配合比试验	D20 第 5.1.7 条、 第 5.1.8 条	1. 乳化沥青砂浆施工及检验试验人员未按要求进行专业培训； 2. 乳化沥青砂浆施工前未进行配合比试验	未按施工技术标准施工，降低工程质量	C01 第六十五条~ 第六十七条	责令改正，罚款等
2	混凝土底座及凸形挡台	1. 检查钢筋及混凝土施工； 2. 检查伸缩缝施工	D20 第 5.2.1 条~ 第 5.2.4 条、 第 5.2.9 条、 第 5.2.10 条、 第 5.2.15 条~ 第 5.2.17 条	1. 钢筋规格、型号不符合设计要求，钢筋加工、连接方式、安装质量不符合验标要求，混凝土保护层垫块施工不符合设计要求； 2. 混凝土强度等级、配合比不符合设计要求； 3. 伸缩缝施工不符合设计要求	未按工程设计图纸或施工技术标准施工	C01 第六十五条、 第六十七条	责令改正，罚款等
3	轨道板铺设	检查轨道板施工及验收记录	D20 第 5.3.2 条、 第 5.3.4 条	1. 轨道板与底座、凸形挡台的间隙不符合验标要求； 2. 轨道板边角破损及掉块不符合相关标准的规定	未按工程设计图纸或施工技术标准施工	C01 第六十五条、 第六十七条	责令改正，罚款等

续上表

序号	检查环节	检查内容和方法	检查依据	常见问题或情形	定性	处理依据	处理措施
4	水泥乳化沥青砂浆填充层	检查乳化沥青砂浆填充层施工及检验批资料	D20 第5.4.2条~第5.4.7条	1. 施工前未进行配合比选定试验，乳化沥青砂浆性能指标不符合验标要求； 2. 砂浆的施工配合比、流动度、温度、含气量、弹性模量不符合验标要求，砂浆灌注厚度小于40mm	未按工程设计图纸或施工技术标准施工	C01 第六十五条、第六十七条	责令改正，罚款等
5	凸形挡台填充树脂	检查凸形挡台填充树脂	D20 第5.5.2条	凸形挡台与轨道板间填充树脂厚度小于30mm，或者大于50mm	违反技术标准，降低工程质量	C01 第六十五条、第六十七条	责令改正，罚款等

CRTS Ⅱ型板式无砟道床监督检查事项

表4-4

序号	检查环节	检查内容和方法	检查依据	常见问题或情形	定性	处理依据	处理措施
1	一般规定	1. 查支撑层工艺试验报告； 2. 查钢板连接器焊接； 3. 查乳化沥青砂浆施工和试验检验人员上岗培训记录； 4. 查乳化沥青砂浆配合比试验	D20 第6.1.3条、第6.1.5条、第6.1.9条、第6.1.10条、第6.1.12条	1. 支撑层施工前未进行工艺性试验； 2. 钢板连接器焊接未进行适用性验证； 3. 乳化沥青砂浆施工及检验试验人员未按要求进行专业培训； 4. 乳化沥青砂浆施工前未进行现场灌注揭板试验； 5. 水泥乳化沥青砂浆抗压强度未达到1MPa已拆除轨道板精调装置；抗压强度未达到3MPa在轨道板上承重	违反技术标准，降低工程质量	C01 第六十五条~第六十七条	责令改正，罚款等

续上表

序号	检查环节	检查内容和方法	检查依据	常见问题或情形	定性	处理依据	处理措施
2	支撑层	查支撑层施工及检验批资料	D20 第6.2.1条～第6.2.4条	1. 施工前未进行配合比选定试验； 2. 混合料强度、配合比不符合设计要求； 3. 支撑层压实系数小于0.98； 4. 28d单个芯样抗压强度小于6MPa，单组芯样抗压强度小于8MPa	未按工程设计图纸或施工技术标准施工	C01 第六十五条、第六十七条	责令改正，罚款等
3	桥上滑动层及高强度挤塑板	查检验批资料	D20 第6.3.1条～第6.3.7条	1. 桥面平整度不符合验标要求； 2. 剪力齿槽深度不符合设计要求； 3. 梁端凹槽深度超出允许偏差； 4. 滑动层、高强挤塑板的规格材质不符合设计要求； 5. 滑动层各层之间接头距离小于1m； 6. 高强度挤塑板纵向拼接接缝未交错布置，出现通缝； 7. 铺设完成的滑动层及高强度挤塑板有破损	未按工程设计图纸或施工技术标准施工	C01 第六十五条、第六十七条	责令改正，罚款等

续上表

序号	检查环节	检查内容和方法	检查依据	常见问题或情形	定性	处理依据	处理措施
4	桥上混凝土底座板	1. 查钢筋施工； 2. 查钢板连接器、底座混凝土、后浇带混凝土施工	D20 第6.4.1条~第6.4.3条、第6.4.6条~第6.4.8条、第6.4.12条、第6.4.16条	1. 钢筋规格、型号不符合设计要求，钢筋加工、连接、安装质量不符合验标要求； 2. 钢板连接器施工不符合验标要求； 3. 后浇带钢板连接器张拉连接顺序、张拉位移及时间间隔不符合设计要求	未按工程设计图纸或施工技术标准施工	C01 第六十五条、第六十七条	责令改正，罚款等
5	台后锚固结构	1. 查端刺钢筋、混凝土施工； 2. 查摩擦板施工； 3. 查过渡板施工	D20 第6.5.1条~第6.5.22条	1. 端刺钢筋规格型号不符合设计要求，钢筋加工、安装及连接不符合验标要求，混凝土施工质量不符合设计要求； 2. 摩擦板滑动层、高强度挤塑板规格、材质不符合设计要求，钢筋加工、安装及连接不符合验标要求，混凝土施工质量不符合设计要求； 3. 过渡板钢筋规格型号不符合设计要求，钢筋加工、安装及连接不符合验标要求，混凝土施工质量不符合设计要求	未按工程设计图纸或施工技术标准施工	C01 第六十五条、第六十七条	责令改正，罚款等

续上表

序号	检查环节	检查内容和方法	检查依据	常见问题或情形	定性	处理依据	处理措施
6	轨道板铺设	检查轨道板施工及验收记录	D20 第6.6.1条、第6.6.2条	轨道板未按布板图给定的编号和位置进行铺设	违反技术标准	C01 第六十五条	责令改正，罚款等
7	水泥乳化沥青砂浆填充层	检查乳化沥青砂浆填充层施工及检验批资料	D20 第6.7.1条～第6.7.6条	施工前未进行配合比选定试验；乳化沥青砂浆性能指标不符合验标要求	违反技术标准	C01 第六十五条	责令改正，罚款等
8	轨道板纵向连接及灌浆孔封堵	1. 检查轨道板钢筋及纵向钢筋连接； 2. 检查接缝混凝土； 3. 检查混凝土； 4. 检查弹性限位板	D20 第6.8.1条～第6.8.5条、第6.8.7条	1. 筋规格型号不符合设计要求；钢筋加工、安装及连接不符合验标要求； 2. 连接钢筋的张拉锁件不符合设计要求及相关技术条件； 3. 精轧螺纹钢筋骨架钢筋相互交叉点的绝缘电阻值不符合设计要求； 4. 轨道板接缝处钢筋张拉顺序和力矩不符合设计要求； 5. 混凝土接缝施工质量不符合要求	未按工程设计图纸或施工技术标准施工，使用不合格的建筑构配件	C01 第六十五条、第六十七条	责令改正，罚款等

续上表

序号	检查环节	检查内容和方法	检查依据	常见问题或情形	定性	处理依据	处理措施
9	侧向挡块	查侧向挡块施工	D20 第6.9.1条、 第6.9.4条	1. 筋规格型号不符合设计要求，钢筋加工、安装及连接不符合验标要求； 2. 混凝土施工质量不符合要求	使用不合格的建筑构配件	C01 第六十五条、 第六十七条	责令改正，罚款等
10	轨道板锚固连接	查轨道板锚固连接施工	D20 第6.10.1条、 第6.10.2条	1. 连接件原材料、植筋胶原材料的类型、规格不符合设计要求； 2. 轨道板锚固连接的时机、位置、方式不符合设计要求	使用不合格的建筑构配件	C01 第六十五条、 第六十七条	责令改正，罚款等

CRTSⅢ型板式无砟道床监督检查事项

表4-5

序号	检查环节	检查内容和方法	检查依据	常见问题或情形	定性	处理依据	处理措施
1	一般规定	查看施工日志、施工记录	D20 第7.1.8条	轨道板精调完成后未尽快进行自密实混凝土灌注；间隔很长时间后，未重新复测或调整轨道板	—	—	—
		查培训记录、工艺性试验方案、工艺性试验总结、浇筑施工记录；现场观察	D20 第7.1.9条	1. 从事自密实混凝土关键工序的施工人员及试验检验人员未按要求进行专业培训； 2. 未进行线下工艺性试验； 3. 雨天进行露天自密实混凝土灌注施工，底座凹槽有积水灌注自密实混凝土； 4. 自密实混凝土入模温度大于30℃、小于5℃	未按工程设计图纸或施工技术标准施工	C01 第六十五条	责令改正，罚款等

续上表

序号	检查环节	检查内容和方法	检查依据	常见问题或情形	定性	处理依据	处理措施
2	混凝土底座及限位凹槽	尺量限位凹槽尺寸	D20 第7.2.8条	限位凹槽外形尺寸超过允许偏差	未按工程设计图纸施工	C01 第六十五条	责令改正，罚款等
3	隔离层及弹性垫层	现场观察	D20 第7.3.2条、第7.3.3条	1. 隔离层有搭接、缝接；有破损，接缝处及边沿有翘起、空鼓、皱折、脱层等缺陷； 2. 弹性垫层与限位凹槽侧面粘贴不牢固，接缝处及边沿有翘起、空鼓、皱折、脱层等缺陷	未按施工技术标准施工	C01 第六十五条	责令改正，罚款等
4	自密实混凝土层	查拌和站提供的自密实混凝土质量证明文件、试验报告、施工记录等	D20 第7.5.5条～第7.5.8条	1. 自密实混凝土到达施工现场后，未确认混凝土强度等级、配合比； 2. 性能不符合验标相关要求； 3. 自密实混凝土拌合物的坍落扩展度、扩展时间 T_{500}、含气量和泌水率不符合验标规定； 4. 56d 抗压强度小于 40MPa	未按施工技术标准施工	C01 第六十五条	责令改正，罚款等

表 4-6

CRTS 双块式无砟道床监督检查事项

序号	检查环节	检查内容和方法	检查依据	常见问题或情形	定性	处理依据	处理措施
1	双块式无砟道床	现场观察	D20 第 8.5.8 条～第 8.5.10 条、第 8.5.15 条、第 8.5.16 条	1. 钢筋加工、连接、安装质量不符合验标要求； 2. 钢筋网绝缘性能不符合设计要求； 3. 接地钢筋和接地端子焊接不符合设计要求； 4. 混凝土道床板施工完成后，不符合设计要求或有关规定； 5. 道床板表面不平整、没抹光，表面排水不畅	未按工程设计图纸或施工技术标准施工	C01 第六十五条	责令改正，罚款等
2	轨排组装、固定	现场观察	D20 第 8.5.2 条、第 8.5.4 条	1. 轨排组装用工具轨与正线轨型不同； 2. 轨排固定装置材料质量及结构不符合施工工艺设计要求	违反技术标准的相关要求	C01 第六十五条、第六十七条	责令改正，罚款等

表 4-7

道岔区轨枕埋入式无砟轨道监督检查事项

序号	检查环节	检查内容和方法	检查依据	常见问题或情形	定性	处理依据	处理措施
1	混凝土道床板	测量	D20 第 9.5.4 条、 第 9.5.5 条、 第 9.5.8 条	1. 尖(心)轨第一牵引点前与基本轨的间隙大于 0.5mm; 2. 查照间隔小于 1391mm; 3. 道岔主要结构尺寸超出允许偏差	未按施工技术标准施工	C01 第六十五条	责令改正,罚款等
2	道岔区板式无砟轨道	查道岔区板式无砟轨道铺设实施方案、现场观察	D20 第 10.1.2 条、 第 10.4.1 条、 第 10.4.4 条	1. 未制定道岔区板式无砟轨道铺设实施方案; 2. 道岔板板体出现贯通裂纹,或每平方米裂纹总延长米大于 0.5m,最大宽度大于 0.1mm; 3. 道岔板的扣压装置安装不稳固,螺母与扣压装置未贴紧	未按施工技术标准施工	C01 第六十五条	责令改正,罚款等
3	道岔钢轨件安装	现场观察、尺量	D20 第 10.6.1 条、 第 10.6.2 条、 第 10.6.4 条、 第 10.6.5 条	1. 道岔钢轨件有碰伤、擦伤、掉块、凹陷、硬弯和扭曲缺陷; 2. 钢轨件安装前,道岔板表面有尘土、污垢、积水及油污,承轨槽、螺栓孔内有杂物; 3. 尖(心)轨第一牵引点前与基本轨的间隙大于 0.5mm; 4. 查照间隔小于 1391mm	未按施工技术标准施工	C01 第六十五条	责令改正,罚款等

续上表

序号	检查环节	检查内容和方法	检查依据	常见问题或情形	定性	处理依据	处理措施
4	道岔钢轨焊接	查接头型式检验报告、超声波探伤检查报告	D20 第9.6.2条、第9.6.5条～第9.6.7条	1.钢轨铝热焊接头的型式检验不符合相关规定； 2.道岔钢轨焊接未按先岔内后岔外的顺序进行； 3.道岔铺设限位器子母块不居中，两侧间隙超过允许偏差； 4.无缝道岔与相邻无缝线路锁定焊联未留存影像资料	未按施工技术标准施工	C01 第六十五条、第六十七条	责令改正，罚款等

有砟道床监督检查事项

表4-8

序号	检查环节	检查内容和方法	检查依据	常见问题或情形	定性	处理依据	处理措施
1	铺轨前铺砟	查道床密度检测记录	D20 第11.1.1条、第11.2.2条	1.道砟质量不符合设计要求； 2.铺轨前道床密度低于1.6g/cm^3	未按施工技术标准施工	C01 第六十五条	责令改正，罚款等
			D20 第11.2.3条、第11.2.4条	1.预铺道砟厚度小于200mm或大于250mm； 2.砟面平整度达不到规定标准			
2	分层上砟整道	查道床检测记录	D20 第11.3.2条	道床分层上砟整道达到初期稳定阶段时，道床横向阻力小于7.5kN/枕	未按施工技术标准施工	C01 第六十五条	责令改正，罚款等

表 4-9

有砟道岔监督检查事项

序号	检查环节	检查内容和方法	检查依据	常见问题或情形	定性	处理依据	处理措施
1	一般规定	观察检查	D20 第 12.1.4 条	道砟未采用特级道砟	未按施工技术标准施工	C01 第六十五条	责令改正,罚款等
2	铺岔前铺道砟	1. 观察量测; 2. 材料检测	D20 第 12.2.1 条、第 12.2.2 条	1. 道砟品种、级别和外观不符合设计要求; 2. 道砟密度低于 1.7g/m³	未按施工技术标准施工	C01 第六十五条	责令改正,罚款等
3	道岔铺设	观察量测	D20 第 12.3.1 条、第 12.3.3 条、第 12.3.4 条	1. 道岔钢轨件有碰伤、擦伤、掉块、凹陷、硬变、扭曲等缺陷; 2. 尖(心)轨第一牵引点前与基本轨的间隙大于 0.5mm; 3. 查照间隔小于 1391mm	未按施工技术标准施工	C01 第六十五条	责令改正,罚款等
			D20 第 12.3.6 条	精调后道岔主要结构尺寸超出允许偏差			

钢轨伸缩调节器监督检查事项

表 4-10

序号	检查环节	检查内容和方法	检查依据	常见问题或情形	定性	处理依据	处理措施
1	一般规定	查出厂检验报告、合格证、铺设图和发货明细表	D20 第 13.1.1 条、第 13.1.3 条	1. 钢轨伸缩调节器质量证明文件不全； 2. 基本轨台端距梁缝距离小于 2m	未按施工技术标准施工	C01 第六十五条	责令改正，罚款等
2	无砟轨道钢轨伸缩调节器	现场观察、尺量、塞尺及测力扳手检测检查	D20 第 13.2.3 条、第 13.2.5 条、第 13.2.6 条、第 13.3.3 条、第 13.3.6 条	1. 无砟轨道钢轨伸缩调节器铺设位置的控制里程与设计图位置的偏差大于 ±20mm； 2. 有砟轨道钢轨伸缩调节器铺设位置的控制里程与设计图位置的偏差大于 50mm； 3. 焊接接头未打磨平整，基本轨始端焊接接头的轨颚、轨腰、轨底和轨底凸出量大于 0.3mm，尖轨跟端焊接头的轨颚、轨腰、轨底和轨底凸出量大于 0.5mm； 4. 无砟轨道组装铺设超出极限偏差要求； 5. 有砟轨道组装铺设超出极限偏差要求	未按施工技术标准施工	C01 第六十五条	责令改正，罚款等

无缝线路监督检查事项

表 4-11

序号	检查环节	检查内容和方法	检查依据	常见问题或情形	定性	处理依据	处理措施
1	一般规定	查焊接作业人员、探伤作业人员资格证	D20 第16.1.5条、第16.1.6条	1. 焊接作业人员未持有铁路主管部门认可的机构颁发的岗位培训合格证书； 2. 探伤作业人员不具有铁道行业无损检测Ⅱ级或以上级别的技术资格	—	—	责令改正
2	工地钢轨焊接	1. 查施工日志、接头探伤报告、锁定轨温及应力放散记录、接头的型式检验和周期性生产检验资料、监理记录； 2. 查无缝线路、钢轨焊接接头观感质量	D20 第16.4.1条～第16.4.7条、第16.4.9条	1. 闪光焊接接头的型式和生产检验不符合现行《钢轨焊接　第2部分:闪光焊接》(TB/T 1632.2—2014)相关规定； 2. 气压焊接接头的型式和生产检验不符合现行《钢轨焊接　第2部分:闪光焊接》(TB/T 1632.2—2014)相关规定,钢轨焊接接头未纵向打磨平顺,平直度超标； 3. 焊头未进行超声波探伤检查,有未焊透、过烧、裂纹、气孔夹碴等有害缺陷； 4. 钢轨胶接绝缘接头的类型、规格不符合设计要求； 5. 轨胶接绝缘接头焊接前未测定电绝缘性能； 6. 钢轨焊接接头未纵向打磨平顺,有低接头	未按施工技术标准施工	C01 第六十五条	责令改正,罚款等

续上表

序号	检查环节	检查内容和方法	检查依据	常见问题或情形	定性	处理依据	处理措施
3	无缝线路应力放散与锁定	1. 观察、轨温计测定； 2. 查影像资料； 3. 查施工观测记录、施工日记、监理日记、旁站记录	D20 第16.5.1条~第16.5.3条	1. 单元轨节锁定前未按设计要求设置钢轨位移观测桩；或位移观测桩设置不牢固，已损坏； 2. 线路锁定时，相邻单元轨节间的实际锁定轨温之差大于5℃，同一单元轨节左右股钢轨的实际锁定轨温差大于3℃，同一区间内单元轨节的最高与最低实际锁定轨温之差大于10℃； 3. 线路锁定后，未在钢轨上标记位移观测“零点”位置，无钢轨观测位移记录；固定区位移观测桩处最大位移量大于10mm，锁定轨温变化大于5℃	未按施工技术标准施工	C01 第六十五条	责令改正，罚款等

附　　录
铁路建设工程监督检查常用的法律、法规、规章、制度、标准和规范

A. 法律

A01　**《中华人民共和国建筑法》**(1997 年 11 月 1 日第八届全国人民代表大会常务委员会第二十八次会议通过;根据 2011 年 4 月 22 日第十一届全国人民代表大会常务委员会第二十次会议《关于修改〈中华人民共和国建筑法〉的决定》第一次修正;根据 2019 年 4 月 23 日第十三届全国人民代表大会常务委员会第十次会议《关于修改〈中华人民共和国建筑法〉等八部法律的决定》第二次修正)

A02　**《中华人民共和国招标投标法》**(1999 年 8 月 30 日第九届全国人民代表大会常务委员会第十一次会议通过;根据 2017 年 12 月 27 日第十二届全国人民代表大会常务委员会第三十一次会议《关于修改〈中华人民共和国招标投标法〉、〈中华人民共和国计量法〉的决定》修正)

A03　**《中华人民共和国民法典》**(2020 年 5 月 28 日第十三届全国人民代表大会第三次会议通过)

A04　**《中华人民共和国安全生产法》**(2002 年 6 月 29 日第九届全国人民代表大会常务委员会第二十八次会议通过;根据 2009 年 8 月 27 日第十一届全国人民代表大会常务委员会第十次会议《关于修改部分法律的决定》第一次修正;根据 2014 年 8 月 31 日第十二届全国人民代表大会常务委员会第十次会议《关于修改〈中华人民共和国安全生产法〉的决定》第二次修正;根据 2021 年 6 月 10 日第十三届全国人民代表大会常务委员会第二十九次会议《关于修改〈中华人民共和国安全生产法〉的决定》第三次修正)

A05　**《中华人民共和国铁路法》**(1990 年 9 月 7 日第七届全国人民代表大会常务委员会第十五次会议通过;根据 2009 年 8 月 27 日第十一届全国人民代表大会常务委员会第十次会议《关于修改部分法律的决定》第一次修正;根据 2015 年 4 月

24 日第十二届全国人民代表大会常务委员会第十四次会议《关于修改〈中华人民共和国义务教育法〉等五部法律的决定》第二次修正）

A06 **《中华人民共和国特种设备安全法》**（2013 年 6 月 29 日第十二届全国人民代表大会常务委员会第三次会议通过）

A07 **《中华人民共和国环境保护法》**（1989 年 12 月 26 日第七届全国人民代表大会常务委员会第十一次会议通过；2014 年 4 月 24 日第十二届全国人民代表大会常务委员会第八次会议修订）

A08 **《中华人民共和国环境影响评价法》**（2002 年 10 月 28 日第九届全国人民代表大会常务委员会第三十次会议通过；根据 2016 年 7 月 2 日第十二届全国人民代表大会常务委员会第二十一次会议《关于修改〈中华人民共和国节约能源法〉等六部法律的决定》第一次修正；根据 2018 年 12 月 29 日第十三届全国人民代表大会常务委员会第七次会议《关于修改〈中华人民共和国劳动法〉等七部法律的决定》第二次修正）

A09 **《中华人民共和国大气污染防治法》**（1987 年 9 月 5 日第六届全国人民代表大会常务委员会第二十二次会议通过；根据 1995 年 8 月 29 日第八届全国人民代表大会常务委员会第十五次会议《关于修改〈中华人民共和国大气污染防治法〉的决定》第一次修正；2000 年 4 月 29 日第九届全国人民代表大会常务委员会第十五次会议第一次修订；2015 年 8 月 29 日第十二届全国人民代表大会常务委员会第十六次会议第二次修订；根据 2018 年 10 月 26 日第十三届全国人民代表大会常务委员会第六次会议《关于修改〈中华人民共和国野生动物保护法〉等十五部法律的决定》第二次修正）

A10 **《中华人民共和国野生动物保护法》**（1988 年 11 月 8 日第七届全国人民代表大会常务委员会第四次会议通过；根据 2004 年 8 月 28 日第十届全国人民代表大会常务委员会第十一次会议《关于修改〈中华人民共和国野生动物保护法〉的决定》第一次修正；根据 2009 年 8 月 27 日第十一届全国人民代表大会常务委员会第十次会议《关于修改部分法律的决定》第二次修正；2016 年 7 月 2 日第十二届全国人民代表大会常务委员会第二十一次会议修订；根据 2018 年 10 月 26 日第十三届全国人民代表大会常务委员会第六次会议《关于修改〈中华人民共和国野生动物保护法〉等十五部法律的决定》第三次修正）

B. 行政法规

B01 **《建设工程安全生产管理条例》**（2003 年 11 月 12 日国务院第 28 次常务会议通

过,2003 年国务院令第 393 号公布)

B02 **《建设工程质量管理条例》**(2000 年 1 月 30 日国务院令第 279 号公布;根据 2017 年 10 月 7 日《国务院关于修改部分行政法规的决定》第一次修订;根据 2019 年 4 月 23 日《国务院关于修改部分行政法规的决定》第二次修订)

B03 **《建设工程勘察设计管理条例》**(2000 年 9 月 25 日国务院令第 293 号公布;根据 2015 年 6 月 12 日《国务院关于修改〈建设工程勘察设计管理条例〉的决定》第一次修订;根据 2017 年 10 月 7 日《国务院关于修改部分行政法规的决定》第二次修订)

B04 **《中华人民共和国招标投标法实施条例》**(2011 年 12 月 20 日国务院令第 613 号公布;根据 2017 年 3 月 1 日《国务院关于修改和废止部分行政法规的决定》第一次修订;根据 2018 年 3 月 19 日《国务院关于修改和废止部分行政法规的决定》第二次修订;根据 2019 年 3 月 2 日《国务院关于修改部分行政法规的决定》第三次修订)

B05 **《铁路安全管理条例》**(2013 年 7 月 24 日国务院第 18 次常务会议通过, 2013 年 8 月 17 日国务院令第 639 号公布)

B06 **《生产安全事故报告和调查处理条例》**(2007 年 3 月 28 日国务院第 172 次常务会议通过,2007 年 4 月 9 日国务院令第 493 号公布)

B07 **《保障农民工工资支付条例》**(2019 年 12 月 4 日国务院第 73 次常务会议通过, 2019 年国务院令第 724 号公布)

B08 **《建设项目环境保护管理条例》**(1998 年 11 月 29 日国务院令第 253 号公布;根据 2017 年 7 月 16 日《国务院关于修改〈建设项目环境保护管理条例〉的决定》修订)

B09 **《国家突发环境事件应急预案》**(国办函〔2014〕119 号)

B10 **《民用爆炸物品安全管理条例》**(2006 年 5 月 10 日国务院令第 466 号公布;根据 2014 年 7 月 29 日《国务院关于修改部分行政法规的决定》修订)

C. 部门规章

C01 **《铁路建设工程质量监督管理规定》**(2015 年 3 月 12 日交通运输部公布;根据 2021 年 12 月 23 日交通运输部《关于修改〈铁路建设工程质量监督管理规定〉的决定》修正)

C02 **《违反〈铁路安全管理条例〉行政处罚实施办法》**(2013 年 12 月 24 日交通运输部令第 22 号公布;根据 2021 年 11 月 19 日交通运输部《关于修改〈违反《铁路安全

管理条例》行政处罚实施办法〉的决定》修正)

C03　**《建设工程勘察设计资质管理规定》**(2007年6月26日建设部令第160号公布;根据2016年9月13日住房和城乡建设部令第32号修改)

C04　**《建筑业企业资质管理规定》**(2015年1月22日住房和城乡建设部令第22号公布;根据2018年12月22日住房和城乡建设部令第45号修改)

C05　**《工程监理企业资质管理规定》**(2007年6月26日建设部令第158号公布;2015年5月4日住房和城乡建设部令第24号第一次修改;根据2016年10月20日住房和城乡建设部令第32号第二次修改;根据2018年12月22日住房和城乡建设部令第45号第三次修改)

C06　**《注册建造师管理规定》**(2006年12月28日建设部令第153号公布;根据2016年9月13日住房和城乡建设部令第32号修改)

C07　**《注册监理工程师管理规定》**(2006年1月26日建设部令第147号公布;根据2016年9月13日住房和城乡建设部令第32号修改)

C08　**《工程建设项目施工招标投标办法》**(2003年3月8日国家计委、建设部、铁道部、交通部、信息产业部、水利部、民航总局令第30号公布;根据2013年3月11日国家发展改革委、工业和信息化部、财政部、住房城乡建设部、交通运输部、铁道部、水利部、广电总局、民航局令第23号修订)

C09　**《工程建设项目货物招标投标办法》**(2005年1月18日国家发展改革委、建设部、铁道部、交通部、信息产业部、水利部、中国民用航空总局令第27号公布;根据2013年3月11日国家发改委、工业和信息化部、财政部、住房和城乡建设部、交通运输部、铁道部、水利部、广电总局、民航局令第23号修改)

C10　**《铁路建设管理办法》**(2003年7月31日铁道部令第11号公布)

C11　**《铁路建设工程勘察设计管理办法》**(2006年1月4日铁道部令第26号公布)

C12　**《勘察设计注册工程师管理规定》**(2005年2月4日建设部令第137号公布;根据2016年9月13日住房和城乡建设部令第32号修改)

C13　**《建设工程勘察质量管理办法》**(2002年12月4日建设部令第115号公布;根据2007年11月22日建设部令第163号第一次修改;根据2021年4月1日住房和城乡建设部令第53号第二次修改)

C14　**《建设项目竣工环境保护验收暂行办法》**(国环规环评〔2017〕4号)

C15　**《人力资源社会保障部　交通运输部　水利部　能源局　铁路局　民航局关于铁路、公路、水运、水利、能源、机场工程建设项目参加工伤保险工作的通知》**(人社部发〔2018〕3号)

C16 《铁路建设项目变更设计管理办法》(铁建设〔2012〕253 号)

C17 《危险性较大的分部分项工程安全管理规定》(2018 年 3 月 8 日住房和城乡建设部令第 37 号公布)

C18 《铁路营业线施工安全管理办法》(国铁运输监〔2021〕31 号)

C19 《关于进一步加强隧道工程安全管理的指导意见》(安委办〔2023〕2 号)

C20 《国家铁路局关于铁路工程投资估算预估算设计概(预)算执行〈企业安全生产费用提取和使用管理办法〉有关问题的通知》(国铁科法〔2023〕7 号)

D. 规范性文件

D01 《铁路工程基本作业施工安全技术规程》(TB 10301—2020)

D02 《铁路路基工程施工安全技术规程》(TB 10302—2020)

D03 《铁路桥涵工程施工安全技术规程》(TB 10303—2020)

D04 《铁路隧道工程施工安全技术规程》(TB 10304—2020)

D05 《铁路轨道工程施工安全技术规程》(TB 10305—2020)

D06 《铁路通信、信号、信息工程施工安全技术规程》(TB 10307—2020)

D07 《铁路电力、电力牵引供电工程施工安全技术规程》(TB 10308—2020)

D08 《铁路轨道工程施工质量验收标准》(TB 10413—2018)

D09 《铁路路基工程施工质量验收标准》(TB 10414—2018)

D10 《铁路桥涵工程施工质量验收标准》(TB 10415—2018)

D11 《铁路隧道工程施工质量验收标准》(TB 10417—2018)

D12 《铁路通信工程施工质量验收标准》(TB 10418—2018)

D13 《铁路信号工程施工质量验收标准》(TB 10419—2018)

D14 《铁路电力工程施工质量验收标准》(TB 10420—2018)

D15 《铁路电力牵引供电工程施工质量验收标准》(TB 10421—2018)

D16 《铁路混凝土工程施工质量验收标准》(TB 10424—2018)

D17 《高速铁路路基工程施工质量验收标准》(TB 10751—2018)

D18 《高速铁路桥涵工程施工质量验收标准》(TB 10752—2018)

D19 《高速铁路隧道工程施工质量验收标准》(TB 10753—2018)

D20 《高速铁路轨道工程施工质量验收标准》(TB 10754—2018)

D21 《高速铁路通信工程施工质量验收标准》(TB 10755—2018)

D22 《高速铁路信号工程施工质量验收标准》(TB 10756—2018)

D23 《高速铁路电力工程施工质量验收标准》(TB 10757—2018)

D24　《高速铁路电力牵引供电工程施工质量验收标准》(TB 10758—2018)

D25　《铁路建设工程监理规范》(TB 10402—2019)

D26　《铁路声屏障工程设计规范》(TB 10505—2019)

D27　《铁路工程环境保护设计规范》(TB 10501—2016)

D28　《检验检测机构资质认定管理办法》(2021 年 6 月 1 日国家市场监督管理总局令第 38 号公布)

D29　《检验检测机构监督管理办法》(2021 年 4 月 8 日国家市场监督管理总局令第 39 号公布)

D30　《检验检测机构资质认定能力评价　检验检测机构通用要求》(RB/T 214—2017)

D31　《混凝土结构工程施工质量验收规范》(GB 50204—2015)

D32　《建筑地基基础工程施工质量验收规范》(GB 50202—2018)

D33　《建筑基坑支护技术规程》(JGJ 120—2012)

D34　《钢结构工程施工质量验收标准》(GB 50205—2020)

D35　《屋面工程质量验收规范》(GB 50207—2012)

D36　《建筑装饰装修工程质量验收标准》(GB 50210—2018)

D37　《砌体结构工程施工质量验收规范》(GB 50203—2011)

E. 其他

E01　《铁路工程建设市场秩序监管暂行办法》(国铁工程监〔2016〕3 号)

E02　《铁路建设工程材料构件设备产品进场质量验收监督管理办法》(国铁工程监〔2017〕65 号)

E03　《铁路工程建设项目竣工验收监管指导意见》(国铁工程监〔2020〕28 号)

E04　《铁路工程建设失信行为认定记录公布管理办法》(国铁工程监〔2018〕76 号)

E05　《复杂地质条件下铁路建设安全风险防范若干措施》(国铁工程监〔2017〕82 号)

E06　《关于进一步开放铁路建设市场的通知》(建市〔2004〕234 号)

E07　《关于继续开放铁路建设市场的通知》(建市〔2006〕87 号)

E08　《工程勘察资质标准》(建市〔2013〕9 号)

E09　《工程设计资质标准》(建市〔2007〕86 号)

E10　《建筑业企业资质标准》(建市〔2014〕159 号)

E11　《施工总承包企业特级资质标准》(建市〔2007〕72 号)

E12　《建筑业企业资质管理规定和资质标准实施意见》(建市〔2015〕20 号)

E13 《工程监理企业资质标准》(建市〔2007〕131号)

E14 《工程监理企业资质管理规定实施意见》(建市〔2007〕190号)

E15 《注册建造师执业管理办法(试行)》(建市〔2008〕48号)

E16 《注册建造师执业工程规模标准(试行)》(建市〔2007〕171号)

E17 《铁路建设工程招标投标监管暂行办法》(国铁工程监〔2016〕8号)

E18 《建筑工程施工发包与承包违法行为认定查处管理办法》(建市规〔2019〕1号)

E19 《高速铁路竣工验收办法》(铁建设〔2012〕107号)

E20 《铁路建设项目竣工验收交接办法》(铁建设〔2008〕23号)

E21 《国务院办公厅关于清理规范工程建设领域保证金的通知》(国办发〔2016〕49号)

E22 《国务院办公厅关于全面治理拖欠农民工工资问题的意见》(国办发〔2016〕1号)

E23 《建设工程质量保证金管理办法》(建质〔2017〕138号)

E24 《铁路营业线施工安全管理办法》(国铁运输监〔2021〕31号)

E25 《广铁集团铁路营业线施工安全管理实施细则》(广铁运发〔2012〕310号发布;根据2015年广铁运发〔2015〕2号修改)

E26 《广东省实施〈中华人民共和国招标投标法〉办法》(2003年4月2日广东省第十届人民代表大会常务委员会第二次会议通过;2018年11月29日广东省第十三届人民代表大会常务委员会第七次会议修订)

注:上述法律法规、规章、标准、管理办法等文件如有修订、更新,以最新版为准。